心一堂術數古籍珍本叢刊

書名：命相談奇（虛白廬藏本）第三集
系列：心一堂術數古籍珍本叢刊　星命類　相術類　第三輯　313
作者：【民國】齊東野
主編、責任編輯：陳劍聰
心一堂術數古籍珍本叢刊編校小組：陳劍聰　素聞　鄒偉才　虛白盧主　丁鑫華

出版：心一堂有限公司
通訊地址：香港九龍旺角彌敦道六一〇號荷李活商業中心十八樓〇五—〇六室
深港讀者服務中心・中國深圳市羅湖區立新路六號羅湖商業大廈負一層〇〇八室
電話號碼：(852)9027-7110
網址：publish.sunyata.cc
電郵：sunyatabook@gmail.com
網店：http://book.sunyata.cc
淘寶店地址：https://sunyata.taobao.com
微店地址：https://weidian.com/s/1212826297
臉書：https://www.facebook.com/sunyatabook
讀者論壇：http://bbs.sunyata.cc/

版次：二零二零年四月初版
平裝

定價：港幣　九十八元正
　　　新台幣　四百五十元正

國際書號：ISBN 978-988-8583-18-8

香港發行：香港聯合書刊物流有限公司
地址：香港新界大埔汀麗路36號中華商務印刷大廈3樓
電話號碼：(852)2150-2100
傳真號碼：(852)2407-3062
電郵：info@suplogistics.com.hk

台灣發行：秀威資訊科技股份有限公司
地址：台灣台北市內湖區瑞光路七十六巷六十五號一樓
電話號碼：+886-2-2796-3638
傳真號碼：+886-2-2796-1377
網絡書店：www.bodbooks.com.tw
台灣秀威書店讀者服務中心：
地址：台灣台北市中山區松江路二〇九號一樓
電話號碼：+886-2-2518-0207
傳真號碼：+886-2-2518-0778
網絡書店：http://www.govbooks.com.tw

中國大陸發行　零售：深圳心一堂文化傳播有限公司
深圳地址：深圳市羅湖區立新路六號羅湖商業大廈負一層〇〇八室
電話號碼：(86)0755-82224934

心一堂微店二維碼

心一堂淘寶店二維碼

心一堂術數古籍 珍本 整理 叢刊 總序

術數定義

術數，大概可謂以「推算（推演）、預測人（個人、群體、國家等）、事、物、自然現象、時間、空間方位等規律及氣數，並或通過種種『方術』，從而達致趨吉避凶或某種特定目的」之知識體系和方法。

術數類別

我國術數的內容類別，歷代不盡相同，例如《漢書・藝文志》中載，漢代術數有六類：天文、曆譜、五行、蓍龜、雜占、形法。至清代《四庫全書》，術數類則有：數學、占候、相宅相墓、占卜、命書、相書、陰陽五行、雜技術等，其他如《後漢書・方術部》、《藝文類聚・方術部》、《太平御覽・方術部》等，對於術數的分類，皆有差異。古代多把天文、曆譜、及部分數學均歸入術數類，而民間流行亦視傳統醫學作為術數的一環；此外，有些術數與宗教中的方術亦往往難以分開。現代民間則常將各種術數歸納為五大類別：命、卜、相、醫、山，通稱「五術」。

本叢刊在《四庫全書》的分類基礎上，將術數分為九大類別：占筮、星命、相術、堪輿、選擇、三式、讖諱、理數（陰陽五行）、雜術（其他）。而未收天文、曆譜、算術、宗教方術、醫學。

術數思想與發展——從術到學，乃至合道

我國術數是由上古的占星、卜筮、形法等術發展下來的。其中卜筮之術，是歷經夏商周三代而通過「龜卜、蓍筮」得出卜（筮）辭的一種預測（吉凶成敗）術，之後歸納並結集成書，此即現傳之《易

經》。經過春秋戰國至秦漢之際，受到當時諸子百家的影響、儒家的推崇，遂有《易傳》等的出現，原本是卜筮術書的《易經》，被提升及解讀成有包涵「天地之道（理）」之學。因此，《易・繫辭傳》曰：「易與天地準，故能彌綸天地之道。」

漢代以後，易學中的陰陽學說，與五行、九宮、干支、氣運、災變、律曆、卦氣、讖緯、天人感應說等相結合，形成易學中象數系統。而其他原與《易經》本來沒有關係的術數，如占星、形法、選擇，亦漸漸以易理（象數學說）為依歸。《四庫全書・易類小序》云：「術數之興，多在秦漢以後。要其旨，不出乎陰陽五行，生尅制化。實皆《易》之支派，傳以雜說耳。」至此，術數可謂已由「術」發展成「學」。

及至宋代，術數理論與理學中的河圖洛書、太極圖、邵雍先天之學及皇極經世等學說給合，通過術數以演繹理學中「天地中有一太極，萬物中各有一太極」（《朱子語類》）的思想。術數理論不單已發展至十分成熟，而且也從其學理中衍生一些新的方法或理論，如《梅花易數》、《河洛理數》等。

在傳統上，術數功能往往不止於僅僅作為趨吉避凶的方術，及「能彌綸天地之道」的學問，亦有其「修心養性」的功能，「與道合一」（修道）的內涵。《素問・上古天真論》：「上古之人，其知道者，法於陰陽，和於術數。」數之意義，不單是外在的算數、歷數、氣數，而是與理學中同等的「道」、「理」--心性的功能，北宋理氣家邵雍對此多有發揮：「聖人之心，是亦數也」、「萬化萬事生乎心」、「心為太極」。《觀物外篇》：「先天之學，心法也。……蓋天地萬物之理，盡在其中矣，心一而不分，則能應萬物。」反過來說，宋代的術數理論，受到當時理學、佛道及宋易影響，認為心性本質上是等同天地之太極。天地萬物氣數規律，能通過內觀自心而有所感知，即是內心也已具備有術數的推演及預測、感知能力；相傳是邵雍所創之《梅花易數》，便是在這樣的背景下誕生。

《易・文言傳》已有「積善之家，必有餘慶；積不善之家，必有餘殃」之說，至漢代流行的災變說及讖緯說，我國數千年來都認為天災，異常天象（自然現象），皆與一國或一地的施政者失德有關；下至家族、個人之盛衰，也都與一族一人之德行修養有關。因此，我國術數中除了吉凶盛衰理數之外，人心的德行修養，也是趨吉避凶的一個關鍵因素。

術數與宗教、修道

在這種思想之下，我國術數不單只是附屬於巫術或宗教行為的方術，又往往是一種宗教的修煉手段--通過術數，以知陰陽，乃至合陰陽（道）。「其知道者，法於陰陽，和於術數。」例如，「奇門遁甲」術中，即分為「術奇門」與「法奇門」兩大類。「法奇門」中有大量道教中符籙、手印、存想、內煉的內容，是道教內丹外法的一種重要外法修煉體系。甚至在雷法一系的修煉上，亦大量應用了術數內容。此外，相術、堪輿術中也有修煉望氣（氣的形狀、顏色）的方法；堪輿家除了選擇陰陽宅之吉凶外，也有道教中選擇適合修道環境（法、財、侶、地中的地）的方法，以至通過堪輿術觀察天地山川陰陽之氣，亦成為領悟陰陽金丹大道的一途。

易學體系以外的術數與的少數民族的術數

我國術數中，也有不用或不全用易理作為其理論依據的，如揚雄的《太玄》、司馬光的《潛虛》。也有一些占卜法、雜術不屬於《易經》系統，不過對後世影響較少而已。

外來宗教及少數民族中也有不少雖受漢文化影響（如陰陽、五行、二十八宿等學說。）但仍自成系統的術數，如古代的西夏、突厥、吐魯番等占卜及星占術，藏族中有多種藏傳佛教占卜術、苯教占卜術、擇吉術、推命術、相術等；北方少數民族有薩滿教占卜術；不少少數民族如水族、白族、布朗族、佤族、彝族、苗族等，皆有占雞（卦）草卜、雞蛋卜等術，納西族的占星術、占卜術，彝族畢摩的推命術、占卜術……等等，都是屬於《易經》體系以外的術數。相對上，外國傳入的術數以及其理論，對我國術數影響更大。

曆法、推步術與外來術數的影響

我國的術數與曆法的關係非常緊密。早期的術數中，很多是利用星宿或星宿組合的位置（如某星在某州或某宮某度）付予某種吉凶意義，并據之以推演，例如歲星（木星）、月將（某月太陽所躔之宮次）等。不過，由於不同的古代曆法推步的誤差及歲差的問題，若干年後，其術數所用之星辰的位置，已與真實星辰的位置不一樣了；此如歲星（木星），早期的曆法及術數以十二年為一周期（以應地支），與木星真實周期十一點八六年，每幾十年便錯一宮。後來術家又設一「太歲」的假想星體來解決，是歲星運行的相反，週期亦剛好是十二年。而術數中的神煞，很多即是根據太歲的位置而定。又如六壬術中的「月將」，原是立春節氣後太陽躔娵訾之次而稱作「登明亥將」，至宋代，因歲差的關係，要到雨水節氣後太陽才躔娵訾之次，當時沈括提出了修正，但明清時六壬術中「月將」仍然沿用宋代沈括修正的起法沒有再修正。

由於以真實星象周期的推步術是非常繁複，而且古代星象推步術本身亦有不少誤差，大多數術數除依曆書保留了太陽（節氣）、太陰（月相）的簡單宮次計算外，漸漸形成根據干支、日月等的各自起例，以起出其他具有不同含義的眾多假想星象及神煞系統。唐宋以後，我國絕大部分術數都主要沿用這一系統，也出現了不少完全脫離真實星象的術數，如《子平術》、《紫微斗數》、《鐵版神數》等。後來就連一些利用真實星辰位置的術數，如《七政四餘術》及選擇法中的《天星選擇》，也已與假想星象及神煞混合而使用了。

隨着古代外國曆（推步）、術數的傳入，如唐代傳入的印度曆法及術數，元代傳入的回回曆等，其中我國占星術便吸收了印度占星術中羅睺星、計都星等而形成四餘星，又通過阿拉伯占星術而吸收了其中來自希臘、巴比倫占星術的黃道十二宮、四大（四元素）學說（地、水、火、風），並與我國傳統的二十八宿、五行說、神煞系統並存而形成《七政四餘術》。此外，一些術數中的北斗星名，不用我國傳統的星名：天樞、天璇、天璣、天權、玉衡、開陽、搖光，而是使用來自印度梵文所譯的：貪狼、巨門、祿存、文曲，廉貞、武曲、破軍等，此明顯是受到唐代從印度傳入的曆法及占星術所影響。如星命術中的《紫微斗數》及堪輿術中的《撼龍經》等文獻中，其星皆用印度譯名。及至清初《時憲曆》，置閏之法則改用西法「定氣」。清代以後的術數，又作過不少的調整。

此外，我國相術中的面相術、手相術，唐宋之際受印度相術影響頗大，至民國初年，又通過翻譯歐西、日本的相術書籍而大量吸收歐西相術的內容，形成了現代我國坊間流行的新式相術。

陰陽學——術數在古代、官方管理及外國的影響

術數在古代社會中一直扮演着一個非常重要的角色，影響層面不單只是某一階層、某一職業、某一年齡的人，而是上自帝王，下至普通百姓，從出生到死亡，不論是生活上的小事如洗髮、出行等，大事如建房、入伙、出兵等，從個人、家族以至國家，從天文、氣象、地理到人事、軍事，從民俗、學術到宗教，都離不開術數的應用。我國最晚在唐代開始，已把以上術數之學，稱作陰陽（學），行術數者稱陰陽人。（敦煌文書、斯四三二七唐《師師漫語話》：「以下說陰陽人謾語話」，此說法後來傳入日本，今日本人稱行術數者為「陰陽師」）。一直到了清末，欽天監中負責陰陽術數的官員中，以及民間術數之士，仍名陰陽生。

古代政府的中欽天監（司天監），除了負責天文、曆法、輿地之外，亦精通其他如星占、選擇、堪輿等術數，除在皇室人員及朝庭中應用外，也定期頒行日書、修定術數，使民間對於天文、日曆用事吉凶及使用其他術數時，有所依從。

我國古代政府對官方及民間陰陽學及陰陽官員，從其內容、人員的選拔、培訓、認證、考核、律法監管等，都有制度。至明清兩代，其制度更為完善、嚴格。

宋代官學之中，課程中已有陰陽學及其考試的內容。（宋徽宗崇寧三年〔一一零四年〕崇寧算學令：「諸學生習……並曆算、三式、天文書。」「諸試……三式即射覆及預占三日陰陽風雨。天文即預

定一月或一季分野災祥，並以依經備草合問為通。」

金代司天臺，從民間「草澤人」（即民間習術數人士）考試選拔：「其試之制，以《宣明曆》試推步，及《婚書》、《地理新書》試合婚、安葬，並《易》筮法，六壬課、三命、五星之術。」（《金史》卷五十一．志第三十二．選舉一）

元代為進一步加強官方陰陽學對民間的影響、管理、控制及培育，除沿襲宋代、金代在司天監掌管陰陽學及中央的官學陰陽學課程之外，更在地方上增設陰陽學課程（《元史．選舉志一》：「世祖至元二十八年夏六月始置諸路陰陽學。」）地方上也設陰陽學教授員，培育及管轄地方陰陽人。（《元史．選舉志一》：「（元仁宗）延祐初，令陰陽人依儒醫例，於路、府、州設教授員，凡陰陽人皆管轄之，而上屬於太史焉。」）自此，民間的陰陽術士（陰陽人），被納入官方的管轄之下。

至明清兩代，陰陽學制度更為完善。中央欽天監掌管陰陽學，明代地方縣設陰陽學正術，各州設陰陽學典術，各縣設陰陽學訓術。陰陽人從地方陰陽學肆業或被選拔出來後，再送到欽天監考試。（《大明會典》卷二二三：「凡天下府州縣舉到陰陽人堪任正術等官者，俱從吏部送（欽天監），考中，送回選用；不中者發回原籍為民，原保官吏治罪。」）清代大致沿用明制，凡陰陽術數之流，悉歸中央欽天監及地方陰陽官員管理、培訓、認證。至今尚有「紹興府陰陽印」、「東光縣陰陽學記」等明代銅印，及某某縣某某之清代陰陽執照等傳世。

清代欽天監漏刻科對官員要求甚為嚴格。《大清會典》「國子監」規定：「凡算學之教，設肄業生。滿洲十有二人，蒙古、漢軍各六人，於各旗官學內考取。漢十有二人，於舉人、貢監生童內考取。附學生二十四人，由欽天監選送。教以天文演算法諸書，五年學業有成，舉人引見以欽天監博士用，貢監生童以天文生補用。」學生在官學肄業、貢監生肄業或考得舉人後，經過了五年對天文、算法、陰陽學的學習，其中精通陰陽術數者，會送往漏刻科。而在欽天監供職的官員，《大清會典則例》「欽天監」規定：「本監官生三年考核一次，術業精通者，保題升用。不及者，停其升轉，再加學習。如能黽勉供職，即予開復。仍不及者，降職一等，再令學習三年，能習熟者，准予開復，仍不能者，黜退。」除定期考核以定其升用降職外，《大清律例》中對陰陽術士不準確的推斷（妄言禍福）是要治罪的。《大清律例·一七八·術七·妄言禍福》：「凡陰陽術士，不許於大小文武官員之家妄言禍福，違者杖一百。其依經推算星命卜課，不在禁限。」大小文武官員延請的陰陽術士，自然是以欽天監漏刻科官員或地方陰陽官員為主。

官方陰陽學制度也影響鄰國如朝鮮、日本、越南等地，一直到了民國時期，鄰國仍然沿用着我國的多種術數。而我國的漢族術數，在古代甚至影響遍及西夏、突厥、吐蕃、阿拉伯、印度、東南亞諸國。

術數研究

術數在我國古代社會雖然影響深遠，「是傳統中國理念中的一門科學，從傳統的陰陽、五行、九宮、八卦、河圖、洛書等觀念作大自然的研究。……傳統中國的天文學、數學、煉丹術等，要到上世紀中葉始受世界學者肯定。可是，術數還未受到應得的注意。術數在傳統中國科技史、思想史，文化史、社會史，甚至軍事史都有一定的影響。……更進一步了解術數，我們將更能了解中國歷史的全貌。」（何丙郁《術數、天文與醫學中國科技史的新視野》，香港城市大學中國文化中心。）

可是術數至今一直不受正統學界所重視，加上術家藏秘自珍，又揚言天機不可洩漏，「（術數）乃吾國科學與哲學融貫而成一種學說，數千年來傳衍嬗變，或隱或現，全賴一二有心人為之繼續維繫，賴以不絕，其中確有學術上研究之價值，非徒癡人說夢，荒誕不經之謂也。其所以至今不能在科學中成立一種地位者，實有數因。蓋古代士大夫階級目醫卜星相為九流之學，多恥道之；而發明諸大師又故為惝恍迷離之辭，以待後人探索；間有一二賢者有所發明，亦秘莫如深，既恐洩天地之秘，復恐譏為旁門左道，始終不肯公開研究，成立一有系統說明之書籍，貽之後世。故居今日而欲研究此種學術，實一極困難之事。」（民國徐樂吾《子平真詮評註》，方重審序）

現存的術數古籍，除極少數是唐、宋、元的版本外，絕大多數是明、清兩代的版本。其內容也主要是明、清兩代流行的術數，唐宋或以前的術數及其書籍，大部分均已失傳，只能從史料記載、出土文獻、敦煌遺書中稍窺一鱗半爪。

術數版本

坊間術數古籍版本，大多是晚清書坊之翻刻本及民國書賈之重排本，其中豕亥魚魯，或任意增刪，往往文意全非，以至不能卒讀。現今不論是術數愛好者，還是民俗、史學、社會、文化、版本等學術研究者，要想得一常見術數書籍的善本、原版，已經非常困難，更遑論如稿本、鈔本、孤本等珍稀版本。在文獻不足及缺乏善本的情況下，要想對術數的源流、理法、及其影響，作全面深入的研究，幾不可能。

有見及此，本叢刊編校小組經多年努力及多方協助，在海內外搜羅了二十世紀六十年代以前漢文為主的術數類善本、珍本、鈔本、孤本、稿本、批校本等數百種，精選出其中最佳版本，分別輯入兩個系列：

一、心一堂術數古籍珍本叢刊

二、心一堂術數古籍整理叢刊

前者以最新數碼（數位）技術清理、修復珍本原本的版面，更正明顯的錯訛，部分善本更以原色彩色精印，務求更勝原本。并以每百多種珍本、一百二十冊為一輯，分輯出版，以饗讀者。

後者延請、稿約有關專家、學者，以善本、珍本等作底本，參以其他版本，古籍進行審定、校勘、注釋，務求打造一最善版本，方便現代人閱讀、理解、研究等之用。

限於編校小組的水平，版本選擇及考證、文字修正、提要內容等方面，恐有疏漏及舛誤之處，懇請方家不吝指正。

心一堂術數古籍 珍本/整理 叢刊編校小組

二零零九年七月序

二零一四年九月第三次修訂

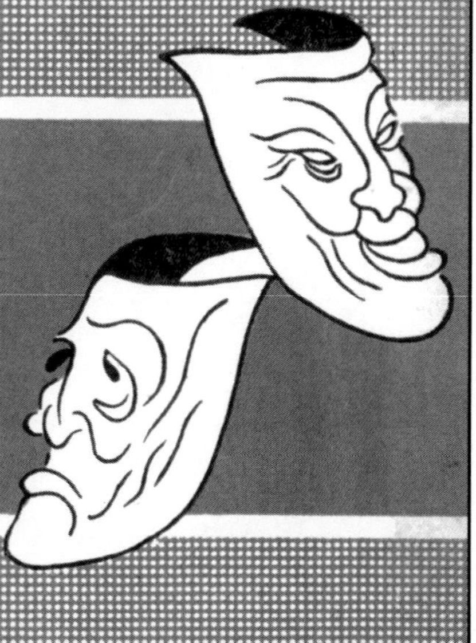

第三集

眞人眞事　不可思議

命相談奇

齊東野著

一九六三年十一月一日初版

命相談奇　第三集

定價：港幣一元六角

著作者：齊、東野

出版者：宇宙出版社
香港活道十四號六樓

發行者：長興書局
香港大道西三〇五號

興興記書報社
利源東街廿六號二樓

遠東文化有限公司
星加坡廈門街十九號

承印者：同興印刷公司
香港灣仔廈門街二十三號

命相談奇

第三集

齊東野著

香港宇宙出版社印行

第三集目錄

一　命理事至難恕我衹談奇

我寫「命相談奇」已出版了兩集。我答應寫這書，原因編者是我的好友，他知道我會寫這個，他就叫我寫這個，我也就遵命寫這個，其主旨在供應讀者一點有「趣味」的東西看看而已。此外，我相信不特編者並無爲命理之事强調其價值，或是鼓舞世人相信命運之意。

聽說本書很受讀者的歡迎，我總算不負編者對我的垂靑，也感謝讀者；因爲如果我所寫的東西沒有讀者的話，我便換不得稿費了。

現在第三集又出版了，我想需要說一些我應該說的話。第一、不管我所信奉的是那一種宗教，由于我對命理和相學會下過研究的工夫，也結交過許多精於命相的和深信命運之事的知名之士，從「學術」和「經驗」兩方面，都證實命相不特確有其事，而且具有高級科學價値，甚至我認爲是上帝造人的一種「默示」，不是任何有偏見的，從來與命相之事沒有接觸的人，可以盲目反對的。

第二、命運有其事，是一事；相信或反對命運，是一事；而倚靠命運，又是一事，而我所主張的則是，「相信命運而不倚靠命運。」理由是，命運是事實，不能不信；但命運的支配作用並不是百分的一百從「六親」關係，「吉凶」事實和「壽命」定數三方面去看，命運的平均支配作用只有百分之四十，尚有百分之六十，要靠「環境」和「人事」兩方面的遭遇和努力；所以我們還是應當倚靠自己的「努力」，而不能自棄地任由命運去支配。

第三、近來接到許多讀者的來信，要我和他們算命或看相，很禮貌地希望我能和他們見一面；有的問我多少潤金，有的請我替他介紹一個命相先生也可以。但我都沒有覆過一封信。現在我要在這裡答覆各位，也順便和各位談談一些關於命理上的問題。同時也願意向業此道的先生們貢獻一些意見，希望在此道的「職業」立場，能對自己有「進步」的作用，能對人們有「有益」的幫助。這書所說雖然不是「談奇」，但對于命運問題，却是「有益」的。

我先答覆讀者的，我因另有其他的更正當職業，不能再分神於此道增加收入。雖然過去我也曾爲着一時救窮，一面被相知的人所慫恿，短時間操過此業；但因發現替人算命看相，欲求良心能安而又要於人有益，實屬至難之事，所以不久就把這收入相當好的事不願再幹了。

同時，外間也已有不少的正以算命看相爲職業的先生們，我相信他們既挂牌問世，總有一技之長；或也爲着救窮之計暫時業此，因此，我既命定的已有一種足夠維持「得過且過」的生活了，我既「知命」，應當「安命」，不願意利用寫這談奇所得的虛名，去搶外間專以此謀生的會是「同業」的已經不太旺的生意。

由于算命看相都是「易學難精」的學問，所以眞眞工夫精到的很難，同時，算命看相各有專門，你去看命相時，不可對命相先生太奢望，不可懷存考驗的心理，事先應當把過去重要的事自動告訴他，作爲參考，使他對你的後運看得更準，就算命一事說，大體上可分「星數」與「子平」兩類；星數以「紫薇斗數」與「鐵版神數」爲代表；子平以一般就八字上的五行變化爲根據的算命爲代表。兩者也各有所長，如鐵版算，以論「六親」專長，而子平則以論「休咎」專長。看面相的以斷一生「大局」專長，看手相的則以此生「謀事」專長，這不是說他們只此一技，而是說他們只要有此專長一技，也就夠行業了。

從前當白米一担只售大洋四元多錢的時候，北京上海幾位有名的命相先生，清談一次（大約十分鐘），就要潤金十元廿元。我有幾位業餘的所謂儒家命相朋友，要他批一紙，非一百元不可，詳批的要千元以上。依目前香港的一般潤金說，實在不可能叫命相先生太多花清神的。

不過，無論如何，這是一種很有機會對人有「帮助」的事，所以我希望一般以此道為職業的先生們，能有下列三種的願望：第一、自己應當不斷地多研究，精益求精；第二、要儘量發揮命理的功用，使人避凶就吉，得到益處；第三、不說自己沒有把握的話去投人所好或騙人。這樣，於人於己便都有益處。至於我呢，我感覺命理之事至難，所以如果還有讀者的話，恕我繼續只「談奇」罷！

二　男人大貴相鼻顴是關鍵

「得富貴相則富貴，得貧賤相則貧賤；」這是漢代鴻儒王充在其名著論衡命義篇的一句名言。

孔子學生夏曾說過「富貴在天」的話，這所謂在天，當然是指非人力之所能勉强的命相說的；因爲命相之事是生來就註定了的。

雖然時至今日男女平權，富貴之事應無男女之別，但在命相上仍有極大不同之處。

舉一個明顯的例說，不論男女，鼻總是五官中最主要。但男人若得「削鼻如刀」的相，只是爲人「苛刻」而已，而女人得此相的，性情却未必苛刻，而「尅夫」的不幸總是難免的。又，男子顴高的只是表示有「權柄」，而女子顴高的，除喜歡弄權之外，也常有尅夫之嫌。

辛亥（一九一一年）革命成功之時，孫中山先生還在歐洲，因革命軍在武昌起義，當時就以武昌爲革命軍中央軍政府，推黎元洪爲都督，以「中華民國政府」名義出示安民。這是陰曆辛亥年八月十九日即陽曆一九一一年十月十日的事。

到陰曆九月初九，清帝宣統下詔罪己，十一日以袁世凱代奕劻爲內閣總理大臣；十二日頒布君主立憲的憲法；十六日下令釋放行刺攝政王的汪精衛，這一連串驚天動地的事，使全國震驚倒不算奇，而驚動當時北京的命相界以及相信命相的人，街頭巷尾談的並不是以政治改革爲主題，而是以汪精衛命不當死，袁世凱相有大貴爲話題。

因爲當去年二月汪精衛謀炸攝政王事敗被捕之後不久，北京就盛傳攝政王因見汪精衛的儀表可愛不願殺他了；又說攝政王叫看相的去看汪精衛的相，說他將來將是南方帝王，所以要想用他了；而到此時汪精衛竟然獲赦了，豈不可怪！至於袁世凱，老早就被北京算命和看相的拿去做廣告，說他的大貴將不止於北洋大臣的高官，而今也果然是君主立憲漢人的第一任的內閣總理大臣了。

更奇怪的，因爲袁世凱相信命理更相信看相，於是他派人四出去找中山先生和黎元洪的八字。中山先生的八字雖然一時找不到，而黎元洪的八字却找到了，爲着要命相合參，他就派一位善觀氣色的曹先生和當時聞名全國的相士釣金鰲的老師韓先生，到武昌去設法看看黎元洪的相貌和當時的氣色，不久，他們兩人就秘密地到了武昌。

韓曹兩位先生到了武昌，就住在韓先生的另一個高足正在武昌長街掛牌開館以善觀氣色聞名的賽金鰲的家裡，因爲他們兩位都會抽鴉片，住在旅館不方便，住在徒弟家裡當然舒服得多。剛好，當時黎元洪都督府裡有一個羅科長是賽金鰲的朋友，也是黎元洪的親信，在八月初時曾被邀去看黎元洪的相。當然不是黎元洪要他去看相，而是這位羅科長知道黎元洪將有起義之事，他本人相信命相，就乘着一天私人的宴會，叫賽金鰲作一個來賓尋機會去看看黎的氣色如何。

起義之事當然羅科長不會告訴賽金鰲，只告訴他說，因清廷要改制，當時內閣協理大臣徐世昌要黎氏進京面商要公，看看黎此去以後官運如何。

賽金鰲把黎氏看了之後對羅科長說，黎氏驛馬並沒有動，看來進京之事不成，這話却把羅科長說得心服了；於是就問：「那末此後官運有無更動呢？」

賽金鰲說：「在二十天之內他將有陞遷之喜，而且叱咤風雲，名聞天下。」

第二天羅科長把這話告訴黎氏，黎氏本是相信命運之事的，他自幼就聽見自己出生周年那天和尚登門看相的故事，和尚曾在三個嬰孩中指他說：「此兒頭平額濶天倉滿，將來出將入相，貴臨極品無疑」的話，所以一聽見羅科長的報告，就微笑地說：「你再去問他，看我此後是否應當棄武就文？」

「棄武就文？」羅科長說：「當今不是太平的世代，棄武就文有什麼好處？」

黎氏笑道：「你不是也知道和尚曾說我將來要『貴臨極品』嗎？那末，像今日的徐世昌一樣，當一個內閣協理大臣，豈不就是『貴臨極品』了？」

原來黎元洪的父親和他自己，一向都認定和尚所說的「出將入相，貴臨極品」就是宰相，也就是君主立憲的內閣總理大臣，黎氏心想，革命成功之後，他當一個內閣總理也心滿意足了。

當日羅科長就跑去問賽金鰲。當晚向黎元洪回報說：「賽金鰲說你五個月之後才能棄武就文；惟是，從此『位高於權』，逍遙自在。」

黎氏聽了就用懷疑的口氣說：「內閣總理大臣。像日本的伊藤博文等，都是位高權重，何謂『位高於權』？你再去問他，這話到底怎麼解釋？」

好笑得很，賽金鰲只能就相上看出「位高於權」，而不能作出切實的解釋。

所謂「位高於權」，就相貌上看就是鼻勝於顴；但就當時的情形看，雖然前四個月清廷已頒布內閣官制，以皇族中人奕劻爲總理大臣，以皇族那桐、漢人徐世昌分任協助大臣，這徐世昌的地位就算是位高於權，名義好聽，而實權沒有；然而賽金鰲因遠在湖北，也不大懂政治上的官職和權力，所以一時無法解釋。好在他替黎元洪看相後不到半個月，武昌果然起義成功，黎氏被推為中華民國軍政府的都督，總算他已把黎氏的大事看準了。

武昌起義是陰曆八月十九日，而袁世凱派賽金鰲的老師韓先生來武昌，大約是十月初，那時候武昌成立中央軍政府，黎元洪正預算等待中山先生返國決定揮戈北伐的。所以黎元洪又叫羅科長來請賽金鰲去看看氣色，在這兩三個月之內，是否有揮戈北指的可能；因為前次八月初賽金鰲初次替黎氏看相時，曾說黎氏北上不成，所以現在想要他再看看氣色有無轉變。賽金鰲去看却看不出黎氏有揮兵北伐的氣色。

但黎元洪對賽金鰲說，革命軍政府已經成立，有進無退，沒有不北伐之理，只待下月孫先生返國，就要下令北伐了。賽金鰲聽了，不敢再說下去，只說且等下月再來看看氣色有無新的變化，就退出來了。

正在此時，老師韓先生突然來臨武昌，賽金鰲眞是喜出意外，他正想把對黎氏相上的兩個疑題向老師請教：一個是「位高於權」問題；一個是「北伐氣色」問題。

韓曹兩位先生聽見賽金鰲已和黎元洪有此接觸，也算喜出望外，第二天就由賽金鰲設宴爲老師洗塵，邀請羅科長作陪，一面請羅科長轉稟黎都督，說是賽金鰲的老師來到武昌，想要進見都督瞻仰威儀。黎氏當然同意，第三天就由羅科長和賽金鰲伴同韓曹兩位進見黎氏於武昌軍政府的內客廳了。

韓先生拜謁黎氏之後，就對黎氏作如下四點的簡單新語：第一、說黎氏從此棄武就文，不再掌握軍符；第二、三十天之內，黎氏的驛馬乃向東走，不是北上；第三、在這五年之內，「位高於權」，即就地位言，比內閣總理更高，但沒有實權；第四、第五年起，將是際遇風雲，權位並隆之時。當時黎氏爲着保持軍政府首腦的莊嚴，並無問話，只是微笑頷首而已。

賽金鰲的老師進見黎元洪，在黎氏本人和羅科長以及賽金鰲他們幾人看來，以爲這是難得的機會，韓先生能以垂老之年由北京來此替他看相，而內裡他們却不知韓曹二人正合下懷，替袁世凱做了一件大事——看到了黎元洪的相貌，韓曹兩位即乘坐京漢鐵路火車，回到北京，就對袁世凱報告說，依照黎元洪的氣色論，在最近三個月內絕無北上之理，但此人有磅礴忠厚之氣，前途無量，宜與爲友，不宜爲仇。至于革命軍是否乘勝揮戈北指，這問題似乎不在黎氏身上，而在正在歐洲回國途中的孫文身上。

此時袁世凱已得知孫中山先生將於十一月初抵滬，並已決定在南京成立中華民國政府，於是另派南京上海有熟人的人三位，陪同韓曹二位趕去上海，要看看中山先生的相貌，是否有「一朝天子」之相；因爲當袁世凱奉命爲內閣總理大臣時，這位釣金鰲老師韓先生原係袁氏的熟人，他曾說袁氏從此將有「登極稱帝」之望；當時袁氏曾笑道：「這是皇上叫我出來收拾殘局，準備和南方革命軍和議的，我那有此種妄想。」

韓先生說：「就北方諸位大人和相貌來說，承繼大統的只有我公一人，至於孫文的相貌如何，雖然沒有看見過，但可以斷言的，孫文縱然也有帝王之相，也只能統治南方，成爲南北割據局面，絕不能取我公而代之；因我公此時正行一生最佳的運，非任何人所能奪取的。」

但是袁世凱的內裡雄心萬丈，他不甘與南方割據局面，他想統一南北，如果清廷大統不絕，實行君主立憲，他想做一輩子的總理大臣，獨攬大權；如果清廷失敗，他想利用南北和議的機會，要做新中國的首任大總統；所以他一定要韓先生去看看中山先生的相貌，是否與他有南北分庭抗禮的氣宇，作爲他考慮南北和議決策的一個主要問題。

中山先生是十一月初六日到上海，韓曹二位雖然也趕到碼頭冒充歡迎人衆，但看不見孫先生。初十即一九一一年十二月二十九日，南方各省代表在南京選舉孫中山先生爲中華民國臨時大總統。過了三天，即一九一二（壬子）年一月一日，國父在南京就臨時大總統職時，韓曹二位才有機會夾在會衆中，看了孫先生一面。當時二人同聲讚嘆：「異人，異人，異人！」

本來袁世凱是派三個對南京上海熟識的人陪同韓曹兩人來的，那天就由一位姓秦的陪同入會場。

當韓曹二人走過中山先生面前，看到臨時大總統就職後的威儀時，兩人的連聲讚嘆「異人，異人」時，那位姓秦的嚇了一跳，以爲中山先生眞是「一朝天子」之相，袁世凱的局面不會久了。因爲姓秦的也畧知相術，一回到旅館，不待韓曹先開口，自己就說：「這位孫大總統，我看他的相貌，既不魁梧，也不淸秀，我們北京每一個部大臣都比他像樣，他竟然當起大總統，這眞是太奇異了！」

「這還不算奇異，此人還有更奇異的在後面哩！」韓先生說：「他敢於把三百年的淸廷推翻，原來確有異相。」

「還有什麽更奇異？難道他眞是一朝天子不成？」姓秦的表示十分懷疑。

「你不必爲咱們的袁大臣天下担憂，他不會奪取袁大臣的天下的！」曹先生看出姓秦的有此不安心情，就如此告慰他。

韓先生又接着說：「從前郭子儀的兒子曾對昇平公主誇言『我父薄天子而不爲』，今天我看到孫文的相，他才眞正是一個薄天子而不爲之人了！」

「薄天子而不爲？那末他今天爲什麽就職？」姓秦的表示異議。

「那是另一回事。你看吧，不久他就會不幹的！」

韓曹二人逗留南京期間，果然看見黎元洪也來到南京，證實他月前對黎氏說過三十天之內，要向東行，不是北上的斷言。

一月一日中山先生就職，一月三日，各省代表又選舉黎元洪爲副總統，從此黎氏任副總統，直至民國五年袁氏去世始接任大總統職位，這又證實了賽金鰲對黎氏所說的前半段所謂「位高於權」的事實；因爲當時賽金鰲和他的老師，都還不知未來的政制有一個職位高於內閣總理，而權力不如內閣總理的副總統。這是關係命相先生的智識問題。

袁世凱在北京，知道中華民國政府在南京成立，孫中山任臨時大總統，心中甚爲憂慮，以爲革命政府既然成立，而這位久爲清廷認爲「大寇」，亦爲民間認爲「大炮」的孫文，担任臨時大總統，就情勢上看，南北和議的計劃是不會成功的了；就會成功，對於自己的終身內閣總理大臣，甚至大總統的美夢恐怕也做不成了。於是他滿心急待韓曹二人回來報告。

韓曹二人回到北京秘密地向袁世凱報告說：「南京的革命軍政府，雖然不會動兵北上，但中華民國的國號以及改元，已註定取代大淸的大統了，看來，滿淸天下就要沒落了。」

袁氏急問孫文此人到底是如何？韓先生翹大姆指稱讚道：「異人，異人！功蓋天下名垂千古！」

曹先生在旁補充一句說：「的確是一個不平凡的人物。」

「那末，據你兩位看來，這大局已經定了嗎？」袁氏又質問韓先生說：「以前你說我的命運，又將作何解釋呢？他們若既不會揮兵北上，我們那有把天下拱手授人之理？這其中自有很大的變化。」

「大淸完結，中華民國成立，這大局是定了的；但就孫氏的相格看，他却不是當大總統的人，而且不久就要去職的。」

韓先生說了這話之後，袁氏聽了大為錯愕，就問：「這到底怎麽意思呀！」

韓先生解釋說：「大貴之相以『氣宇』為第一，我看孫氏的氣宇，貴在帝王之上，所謂『聖人』的氣局；是『薄天子而不為』的人物；所以他創立的中華民國是永垂千古之事。至于我所以說他不是當大總統的人，乃是就『形象』說的，他雖有高貴之鼻，而無豐滿之顴，所以他的權貴只限于臨時大總統。是象徵『開國』之意，我看他的氣色，這臨時大總統在一百天之內就要辭職的。不過，此君乃中國的異人，望我公善與周旋，務須尊重，幸勿對他輕視！」

接着袁世凱就轉頭朝向客廳壁間的大鏡子，看看自己的面孔，要韓曹二位說說他的鼻顴問題。當然，袁氏聽了韓先生剛才說「氣局」問題，已自知氣局不如孫氏，就想就「形象」上爭回自己的高貴。

於是韓曹二人就給他講論關于大貴的鼻顴相格，首先就說袁氏的體型乃正宗的北人形象，而中山先生則是南人形象，其次說中山先生和袁氏的鼻，都是直冲天庭，極品貴格；而中山先生最特別的就是兩眉之間的「印堂」非常平坦廣寬，為常人所難有，因此鼻與印堂連成一氣，上達天庭，得天獨厚者在此。

再說到兩顴，因為鼻為一生命運的主峯，左右兩顴輔弼，所以有鼻無顴則成孤立之象，無能為力；而中山先生並非無顴，而是配不上那高貴之鼻，袁氏兩顴豐滿有力，與鼻相配，所以一向為官都握有實權，不受清閒之職，其理便在此了。

袁世凱此人非常機警，他聽了韓曹二人說他的高貴鼻顴勝過中山先生時，心中自然暗喜，認為，如果像韓先生所說的，孫氏的臨時大總統命運要在一百日內結束的話，而大清帝統同時也要完結，他這次出任內閣總理大臣，又負有與南方政府和議的責任，豈不是命定的這天下要讓他來收拾了嗎？於是他突然向韓先生提出一個問題：「如果孫氏的臨時大總統的命運只有一百日的話，照外國民治國家的政制，大總統去職，其職位要由副總統接任，那末黎元洪現已當選為副總統，這大總統論理要在黎元洪身上的，你對黎元洪的相格當作如何說法呢？」

這問題倒使韓曹兩位意想不到的發生了為難；因為他們在南京時只注意中山先生的最近氣運，不注意到黎元洪的問題；現在袁世凱這一問，果然很難答覆。

關于新政制事，中國還是才開始，未曾施行過，所以韓曹二人一時也無話可說，只說：「無論就形象或氣色上看，黎元洪的副總統不會變化，而且在這五年之內，也不會有榮任大總統的氣運；所以關于他的事，我們一時就無法解釋，只好讓不久未來的事實去說明了。」

韓先生又補充一句：「無論如何，孫黎二氏的鼻顴絕對比不上我公，我公儘可從容應付，不必憂慮！」

這是一九一二年一月半以前的事，而韓曹二人所論斷的，事實又是如何呢？現在姑把當時幾件大事錄在下面，便可明白：一月二十二日，孫大總統提出與清廷最後協議辦法五條，交代表轉袁世凱。

二月十二日，清帝宣統下詔退位，大清皇朝完結。十三日，孫總統向參議院提出辭職書。三月十日，袁世凱在北京就中華民國第一任大總統職，以黎元洪為副總統。十一日，孫總統公布中華民國約法。四月一日，孫臨時大總統蒞參議院行解職禮。中山先生計自一月一日就任臨時大總統，至四月一日正式解職，僅九十一天，證實了韓先生所預言的在一百日之內要辭職的話。

關于國父中山先生的相貌，依一般人的眼光看來固是平平無奇；即一般看相先生，也只能看出是一個「名高於位」的人，能像鈞金鰲的老師，韓先生看出「異人」、「聖人」的氣局，而且斷定他是個「薄天子而不爲」的人，眞太不容易了。

因爲我們中國自古就是北方人的政治，統治中國的帝王都是北方人，而北方人的體格是魁梧高大，所以論體格以爲魁梧是貴相，這是歷史性的一個俗見，也是錯誤觀念，後來又有所謂「北人南相」和「南人北相」爲貴格說法。這種相格，多爲富貴相，雖然是事實；但這不是最高貴的相格，因爲人相的原則以「純」爲貴，以「雜」爲賤；不論北人南相或南人北相，在原則上論，都屬於「雜」，原屬「賤」格的。其所以能貴，必須雜而不「混」，即北相的就要一切像北人，南相的一切像南人；否則，若體型北相，性情南人；或臉型南相，體型北人，那就非賤爲隸役不可了。

就任中華民國第一任臨時大總統的孫中山先生，和第一任大總統的袁世凱的相型來說，兩人的體型都是南人的純和北人的純，所以有此大貴。中山先生之所以能爲國父，千古，像韓先生那樣能從「氣局」上看出的。記得廿餘年前晤及鈞金鰲和賽金鰲兩師名垂兄弟，雖然他倆也能道出關于觀氣之「法」，但觀察之「術」却不夠工夫。

一般相者看中山先生只能道出印堂、鼻、眼和口四部位的優點，而不能看出其能

「功成身退」和「流芳百世」的特點。

釣金鰲告訴我，他的老師那次從南京回到北京告訴他說，中山先生的氣宇和形象的特點，在於「氣藏形潛」。後來我從兩個追隨國父多年的朋友告訴我，中山先生的特點就是「不輕易發怒，不輕易動心。」

至於鼻顴關係大貴的相，這還是就面貌上的部位說的，就大要上言，鼻的貴相，可用「端正、不陷、平直、有力」八字爲斷語。再高貴的，則是上接「寬坦的印堂」，下托「四字形方口」。

上面曾經說過，有鼻無顴也不興，有力之鼻，也須要有力之顴爲輔，左右兩顴，以「不低、不散、不露骨」三「不」爲要領。看相看鼻不難，看顴倒是不容易。

陳烱明叛變時，中山先生退到上海。有一次他在法國公園散步，我的舅父和幾個朋友也在那裡閒遊。舅父一向在北京不認識中山先生。因爲舅父會看相，同行朋友中有人認識的，就指孫先生問舅父：「你看此人相貌如何？」

舅父一看，說：「此君必是聞名天下的人。」朋友再問：「是否只有名氣而無權位？」答道：「位顯而不居，權藏而不用，非無權位也。」這評語也可算是知相了。

三 女人尅夫相關係鼻眼顴

有一年在北平常與當時被號爲彭神仙的彭涵芬君往還，不時也在中央公園的古柏樹蔭下品茶納凉，閒談世事，這位善觀氣色的彭先生，年青時原是一個看相先生，在上海新世界附近的西藏路路邊擺過看相攤頭，因爲他有一天看準了一女傭人有性命之危，那女人果然投環自盡；而她的丈夫聞知却來找他要和他理論，他被迫無路可走，就跟着一個山東同鄉在太古公司行船到英國去。後來就在英國半工半讀變成一個留英的學生，學成回國之後，當然不再重操舊業，就在故都政界中混，因爲他比別人多一套善觀氣色，不久便大走其官運了。

我認識他的時候，他已是五十多歲了，也是一個已當過財政上的局長要職。退守林下的時候，他雖然是個精於相術的人，但不喜歡替人看相；因爲與人談相常有困難，由於世人，大都福相少，禍災多；不直說，自己不愉快；直說，別人不愉快，何苦來？所以他經常是避免和人談相的。但是由於他已經出名了，而熟的朋友又多，所以他幾乎每日也都難免被邀請吃飯，或是別人上門要替人看看氣色說幾句的。

有一天我和他兩人在中央公園裏正優悠地躺在籐椅子上面東拉西扯着。本來我若和他在一起，就難免時刻向他叨教關於相學上的問題的，那天我們決意不談相理之事，只是一味清談。

一會有幾個遊園的男女，正在我們的對面座位坐下。一共有五個人，兩個青年男子，三位女人則是四十多歲的上流太太似的。因爲坐得我們太近了，她們的一舉一動又不能不引起我們多少注意，而我所注意的又不離本行，於是我和他又不能不談到相的問題來了。

「你看這三位女人甚麽是同格，甚麽是異格？」還是彭先生先開口問我。

我說：「一生足衣足食，不愁窮困是同格；夫、子、壽數則是異格。」

他微笑地又問：「請你說說她們的夫宮如何。」

「頭上梳髻的那個『夫貴』；穿背心的那個『夫富』；着旗袍的那個『尅夫』！」

他又微笑地說：「你看的只是大體上不錯，但其中頗有問題。」

他坐了起來，飲了兩口茶。「那個夫貴不差；但那個夫富錯了，不是夫富，是她自己富。還有一個同格你沒有看出，她們都是『尅夫』格，而且都已尅過了！」

因爲當時我雖研究命相之學也有五六年的時間了，但就這門奧妙的學問來說，還是初學，當然所知的還只屬皮毛，所謂「易知難精」我自己是明白的，尤其是關於女人的尅夫相，有所謂「明相」和「暗相」，又有所謂「外五行」和「內五行」之別，而我當時所知的只是「明相」和「外五行」的一部份，至於「暗相」和「內五行」我就不識睇了。於是我聽彭神仙這一說，就乘此機會向他請益了。

「她們三位都是尅夫格嗎？我眞不識看了！」我說：「那兩位到底尅在在那裏呢？鼻也不削，顴也不高。」

「想你只知其一二，不知其三四，而且還有五六七八九哩！」彭先生說：「僅就明相說，女人尅夫，可分『面貌』、『體型』和『舉動』三方面，而初學的只知面相，現在你就以面相論，面相中，尅夫相關係於眼、鼻顴三部位。一般相士都只知女了鼻削、眼兇、顴高三者爲尅夫相，而不知有的情形並不如此。」

說到這裏他問我，現在看的就這位着旗袍的尅夫女人，那明顯的是所謂「鼻樑削如刀」；但那位穿背心的尅夫，却鼻樑下陷所致，至於那位頭上梳髻的，雖然嫁夫必貴，而尅夫之相則繫乎眼了。」

的確，我當時只知道女人鼻削、眼兇和顴高三種是尅夫相，而鼻樑扁平的雖知其係壞相，却不知道也是尅夫相，至於那個貴夫人的眼睛，我就完全看好，絕不會看作尅夫相的，後來經過他的解釋，才知道女人眼眶大而露光的，在三十七八歲兩年，就會尅夫的，不論男女，眼眶寬大原是好相，但若浮光不定，那又不好了。

據彭神仙的論斷，鼻削如刀的女人，尅夫較早，在四十五歲以前，很可能不止尅一個，那位貴夫人當在三十七八歲兩年喪夫無疑。最遲尅夫的是鼻樑陷下的，要在四十一歲後兩三年內，但過此就不再尅了。

我們正在談論之際，望見友人中醫師劉幼雪大夫也帶了幾個男女同伴來遊園，他原與彭涵芬也相熟，就過來和我們打了一個招呼。因爲劉大夫是一個儒醫，認識的病家很多，原來他也和對面座上的三位女人相熟，彼此也打了招呼，當時我就想，關於這三位女人的事，他一定知道的。

劉幼雪走了之後，與他家人一道來的有一位蕭太太是他們親戚，我也相熟的；於是我就問彭神仙：「剛剛和劉大夫太太走在一起的那一位太太，你留意到了沒有？」

「留意到了，」彭涵芬說：「因爲我們剛剛在談論尅夫問題，所以我留意到了，你也認識她嗎？」

「認識的，她是蕭太太，是幼雪的表弟婦。」我又說：「你看她怎麽樣？」

「她？」彭涵芬說：「她已經尅了兩個丈夫，而且都是死於非命。」

我說：「我知道幼雪的表弟，前幾天因飛機失事死掉的，你說她以前還是以後還要尅一個？」

「我說的是以前還尅過一個，」他說：「看來現在她大概四十零歲了，我想應該勸她在四十七歲以前不要嫁人，否則還要尅。」

這位蕭太太面孔長得並不惡，所嫌的只是顴骨太高，所以戚友們都說她尅夫理由就在此，但我們初學的人只知道她會尅夫，又因爲四十六七歲兩年是走兩顴，所以都以爲要等到四十六七歲才尅夫，而不知不待走到兩顴就要尅，而且以前已經尅過兩個了。據彭神仙說，俗語有「一年嫁九婿，無婿過新年；」這句話雖未免言之太過，但在嚴重尅夫相上說，却是事實。

他說他曾見過此種女人，就是鼻眼顴三部位如果都有尅夫相的話，她就不可能滿一年而不尅夫，反而可能一年之內尅兩個丈夫的。

過了幾天我碰到劉幼雪，因爲他知道我隨時向彭神仙學看相，所以還不待我開口，他倒先問我那天和彭神仙在中央公園有甚麼心得沒有？我就乘機問他那天坐於我對面座上的三個女人是誰。他就笑對我說：「你們看出了沒有，她們都是尅夫的！」

「是的嗎？我只看出一個，而彭神仙却把三個都看出了的。」

「是的，那位韓次長的太太相貌很華貴，不是彭神仙不容易看出她曾尅夫的！」

接着我就問到蕭太太的問題。我說：「令戚蕭先生前兩年去世，我是知道的，蕭太太的丈夫應當死於非命，你看怪不怪？」

「眞的嗎？他還有說她別的事沒有？」

「他說她以前已尅過一個，也是死於非命。」

因爲劉幼雪對於命理頗有研究，他聽我說了就微笑道：「彭涵芬的相術的確比我們的命理高明！」

原來她的第一任丈夫，是被汽車撞死的。

四　算命看相各有所長

中國看相之術，早在三千多年前周朝就已精到了，一直到現在，由於人們把它作糊口之計，江湖之技，所以大有一代不如一代，反而退步到不如早年的人了。

至於算命之學，乃唐朝與韓愈同時的御史李虛中所發明，到今也有千多年歷史。也和看相同樣的被人作爲謀生之術，便未精先賣，不肯研究，因而也逐漸退步了。

這樣一來，一般人雖然相信有命理之事，也對算命看相有興趣，但對算命看相先生却沒有多大好感；因而被視爲江湖之士，糊口之技，致使對此道有眞工夫的人，反而不肯以此爲業了。這是對中國一種極有價值的國粹之不被重視，且將因失傳而式微，實在可惜！

看相之術，依中國古書上所記載的看，其靈驗程度似比印度的相人，和西洋的相掌高得多。至於算命一事，則是中國獨有的學術，世界各國所沒有的，對於人生的吉凶休咎、妻財子祿、壽數等的判斷，有時比看相更可靠。比如說，初生的嬰孩以及未成年的童子，因爲面貌體格還沒有定型，就不容易看得淸楚；而算命就不同，每人一出生時辰一定，這一生的禍福都註定了的。

舉一個故事爲例，宋朝眞宗皇帝時代，與歐陽修同時有一個宰相名叫王欽若的，是江西新喻人，做周歲的時候，有一個自稱爲江西龍虎山的道士，由他家人請到家裏替他看相。

道士看了，說：「此子年少登科，異日官居一品。」家人問他，將來會不會破相？有沒有其他的缺陷？道士却說不出來。

爲什麽他的家人特意去請道士替他看相呢？原來王欽若出世三朝定時那天，因爲古時沒有鐘錶，夜間出世的定時最難，而他就是夜間出世的，所以他就請好幾位算命先生來商量，把他出生的時辰定出來。

把時辰定出的時候，算命先生中有一個自號「太極老人」的，除被公推主筆爲他定時外，還爲他批命，他竟這樣批道：「此子年少登科甲，中年累官至宰輔，名聞天下，面貌淸秀，難免有破相；其人應短小，秉性又傾巧。智慧過人，可惜好道怪誕；一生爲人不誠，爲官不淸。命中註定，美中不足！世運所趨，賢人受厄！」這位太極老人批了之後，便唏噓三嘆而去。

當時王欽若的家人看見開頭所批的「年少登科甲」和「累官至宰輔」，當然大大歡喜；但後面所批的却有所憂了。由於王欽若只是普通的人家，只要這個孩子將來會做宰相，什麽也都滿足了，總算得了很大的安慰。

太極老人走了之後，家人就問其他算命先生，所批的話是否全對？賢人受厄，又是何解？大家都說所批的一點也沒有錯，所謂賢人受厄，大概當他爲宰相時，有賢人被他所害的意思。

家人又問所謂「破相」當是怎樣？算命先生說，在八字上只能看出將來難免破相，至於怎樣破相却看不出的。

定時之後幾天，家人又請看相先生來看相。但看相先生當時只能從嬰孩的一隻直衝天庭的高鼻，看出這孩子將來必是大貴之人而已，其他的也看不出來，說是嬰孩相局未定，最少要待周歲之後，才能看一些。

家人又因爲太極老人批語中有「可惜好道怪誕」之語，所以到了周歲時，就去請一個龍虎山的道士來替他看看相貌上有無學道的相，當時家人看見道士不能像算命的能夠那樣肯定的批來，都認爲相的工夫不如算命的。

其實這並不是兩者工夫上有高低，而是兩者的技術有不同，看相的要成人之後看較爲可靠，而臨時的禍福以及遷移等，看相的也會從「氣色」上，看得比算命的更非常準確。

王欽若後來，果然年少就被擢進士甲科，累官司空門下侍郎，到宋眞宗天禧年及仁宗天聖年果然兩度爲相，在相貌上，他也果然身材短小，其貌不揚，面部雖有幾分清秀，而項間長一肉疣，被時人綽號爲「癭相」，也果是然破相了。

關於他其他的事，宋史曾有這樣的記載：「王欽若狀貌短小，項有附疣；然智數過人，每朝廷有所興造，委曲遷就以中帝意。又性傾巧，敢果矯誕，招納贓賄。眞宗封泰山，祀汾陰，天下爭言符瑞，皆欽若及丁謂倡之。」

原來王欽若爲人狡猾，善於巴結皇上；兩度爲相，貪贓納賄自肥，信道教，倡符瑞，與奸臣丁謂、林特、陳彭年、劉豖珪等，被時人稱爲五鬼，這也可得見其爲人若何了。太極老人批命所說的「爲官不清」和「名笑天下」，當是指此事的。至於當時忠臣范仲淹、歐陽修的被貶，便是所謂「賢人受厄」了。

就太極老人對王欽若所批的命運說，好像看八字比看相更靠得住，也更有具體的斷法。的確，有的地方算命有他的特長處。比如他所批王欽若的「破相」一事，看相就不如看八字的。

研究過看「破相」命理的，那道理一被發現就不難看出。八字中有所謂成格的，如「仁壽格」、「炎上格」、「潤下格」之類，凡是成格都好八字、好命運；但又有所謂「破格」，就是既已成格，而其中又有於格不宜的五行，就成爲破格了。破格的八字雖不就是壞八字、壞命運，而此成格的就差得很多了。

奇怪的，凡是破格的八字必定難免臉上有破相之事，大破格的就是大破相，小破格的就是小破相，所以瞎子算命一碰破格的八字，他一開口第一句話就是說：「哎呀．可惜，此人註定破相了！」馬上就使人驚奇，就取信於人了。其實這並沒有甚麼奧妙的工夫的。

算命也可以八字中看出人的性情、身體上的疾病，這也和看破相一樣，都並不難，都比看吉凶休咎更容易。算命的難處，工夫處、在於判斷八字中五行與時令的配合，誰主誰從以及其中的變化。算命或看相，都有「易學難精」之處，判斷五行的變化，更是難精之事了。看相的難精在於「五官的配合」，而更難的則是「氣色的分辨」。這命相的高深地方。命書和相書上都只說一些原則，無法細說，所以要靠個人的天資和經驗，天資高的人，但有獨特的看法；經驗多的人，則有堅定的判斷。對「壽數」的判斷，就一般論，算命優於看相；但就特殊的情形論，則看相優於算命。舉兩個例說：

清代才子金聖嘆，生前算命和看相的朋友甚多。有一天他要精於命相的朋友四人替他斷斷壽數。兩個算命的和另外兩個看相朋友，把他的終壽之數都看一樣，而死時不是「壽終正寢」也是一樣；但算命的兩人，只能說他「非死於病」和「死於非命」，而看相的兩人，一個說他「死於殺身之禍」，一個說他「死時身體不全。」後來事實上怎樣呢？金聖嘆以抗糧哭廟案，清初竟被斬腰的。

再舉一九四一年死於香港日軍槍口之下的詩人林庚白來說。林原是一個聞名的精於算命的人，他算自己於那年有大凶，可能「死於意外」，於是抗戰開始就由上海跑到內地去。

由於他精於命理，自然對於自己的「死於意外」不能不担心。因爲他是立法委員，在重慶住了一個時期，後來敵機時常空襲重慶，他就離開重慶。前一年他在重慶碰到友人業餘看相名家陶半梅，他們倆本是相識的。

有一天他就問陶半梅，明年是否難逃大厄。那時候，他的名著命書人鑑早已出名，知道林庚白的人，都知道他自己會說明年四十八歲有大凶的；陶半梅當然不必客氣也勸他務早一年避去鄉下去住，盡盡人事，或者可以逃過大厄。他問陶半梅，從相上可否看出他死於意外是可種情形。

陶半梅說：「恐怕身體難免要出血；所以我勸你要到沒有戰爭的地方去住一年，縱然逃不過關口，能夠不出血，也是好的。」

當時林庚白聽了，就對陶半梅說：「這樣看來，你們看相似乎比我們算命的更眞確些，我們算命的只有兩種斷法：不是『壽終正寢』，便是『死於非命』，却不能確定的看出身體要出血的。」

當時陶半梅也把清初看相說金聖嘆死時「身體不全」之事告訴他，證明看相確有此高明之處。

對於斷死，看相確然有獨到之處，諸如死於水厄、死於火厄之類，都可以從面貌上看出來的。

我有個朋友的小姐，陶芉梅說她將來要死於火厄。這位小姐當時正在大學化學系攻讀，她滿不在乎，認爲她既生時讀化學，那末死於火也就是化學，死得更乾淨。

相書上所說的死於火厄的，乃以眉髮和臉色赤色爲主，其實不盡然；那個小姐眉髮和面色都不是赤色，主要的是體形屬「木」，而心情屬「火」。一般初學的人，若僅僅根據相書所說，那就大錯特錯了。所以「盡信書不如無書」，看相要能看出「體型」和「心相」才算到家。

我的朋友也就是這位小姐的父親，也會看相，他不懂心相與體型一致則吉，衝突則凶之理，以爲他的女兒眉髮面色並不尚赤，只是性急，不該斷爲死於火厄。

當他把這理由問我時，我當然不會說你的小姐一定要死於火，只是說陶芉梅總不至亂說的。他却也看出她的女孩是短命相。我問他根據什麽？他說她是「火燒性」。我說「火燒性」的人只是俗說短命相，其實不一定短命。我就舉幾位性情急躁他所相識的老人爲例。他想想確有其事，就問我這是什麽道理。

我對他說，這幾個性急的老人都是體型屬火的人，所以性急正是長命的相。於是他漸有所悟，不久也明白他的女孩是木型的身體，火型的性情；便承認陶半梅所說的話原來是高深一層的相法。於是他怕起來了，他不想要她學化學，因爲他以女兒曾說過「既學化學，死於火也就是化學死。」這話恐是讖語。但是，女兒沒有聽他的話，事實上她根本不相信陶半梅所說的話，自己也喜歡讀化學。

後來抗戰發生，學校撤退到鄉區。由於減少員工，各部門的管理都由各系學生分派担任。這位小姐就被派管理化學器材。

有一天晚上，要燒野鴨爲餚，因爲野鴨身上汗毛難拔又難刮，她就取了油燈進入化學器材儲藏室去取酒精燒汗毛，想不到，一不愼，酒精着火，外面人只聽見爆炸一聲，器材室起火，小姐就立地燒死了。

後來我們幾個平日喜歡談論命理的朋友，就把他的八字拿來研究，也畧能發現她那年那月，可能死於火厄的理由。

看相對於惡死特別看得準的理由，多半是心理感應上的經驗。一般人對於「冷酷」或「兇惡」的臉孔都有敏感性的認識；而這種臉譜的人又大都不得其死；所以，由於累積的經驗，便有若干種型的臉譜屬於慘死的，這就成爲一般人的通俗相術了。

至於像「體型」與「心相」衝突屬於死型之類，那不是可從一般的經驗得來，要從內五行和外五行的精到研究才能發現的，這完全屬於學理研究了。

我們幾個朋友，從幾艘輪船遇難人中，找到二十餘人的八字，研究他們死於水厄的理由。確然也能發現五行上應死於水的現象。

有幾個朋友於一九四九年，由上海撤退台灣的輪船遇險中遭難的，其中有兩位是上海的有錢人。他倆都是曾經幾個看相先生說他是死於水厄的。於是他們决心一生不坐船不過渡。抗戰爆發時，他本想到內地去，那時本來可以從陸路向內地走的；但因他一打聽，說是路上有幾個地方要過渡，而且聽說曾經因敵機空襲翻船死過人，所以他就决定一生不離上海了。

因爲不離開上海，他也很可以好好地過平安和快樂的日子，上海陸路交通便利，向西，可以坐火車遊蘇州、無錫、鎭江和南京，向南可以遊杭州、寧波，也已夠逍遙此一生了。

但到了共產黨要來的時候，他突然要想離開上海到台灣去了。親戚們問他，何以突然改變一生留滬的决心，而要冒四天海行的危險到台灣去呢？他們倒有極充份的理由。

他們說：「看相的說我要死於水厄，但沒有說定那一年要死。算命的雖然沒有說我要死於水厄，却說我今年有一關口，明年又有一關口，說我今年或可渡過，明年却硬無法渡過去的。看情形，共產黨來定了的，它來了，我縱然不致於被殺，而我的財產被沒收那是無疑的，我如果丟去財產，我不死也要死；那時我不是上吊也要跳黃浦江的。與其死於自殺，倒不如現在離開上海去台灣，僥倖無事，我還可平安在台灣渡我的餘年；如果不幸在海上遇難，這是命中註定的，倒也算死得其所的了。

這兩位朋友是經過好幾個月的時間考慮的結果，得出了這樣的結論，他們就帶了動產由上海登上輪船到台灣去了。眞是命中註定了的，竟然船開出的第二天就遇難了！

後來我們把他們的八字研究結果「刼數難逃」之說，因爲他們在同一條船上遇難的人，可以分爲兩種：一種是命中該死的；一種是命不該死的；命中該死的雖然八字上本來確有生命危險，但不一定這在同一個月同一個日子要死的；因爲可以發現一件事，就是這條船上有多數的人該死，這條船，又發現確然有所謂好像就成爲「刼數」所在了。因而，同乘此船的人中，雖然有人不該死，但因人數太少，就無法抵擋此刼數，而自己便不能不被這刼數所波及了。

我們又發現有趣的事，凡是不該死而被刧數波及的人，依他們的八字看，雖然當時不至於死，但他們大都是不再有好運的人了。這是一個頗有價値的發現。因爲我們並沒有發現一個正在走好運的人而死於刧數的。這事實就是說，凡是死於刧數的，都是該死的或是不再有好運的人，相反的就是：正在走好運的人，就不致於有枉死了。

雖然，也另有一種不該死而死的；如死於黃花崗的七十二烈士，死於抗戰的英雄們，除了有的命中該死的外，也有命中不該死，甚至正行好運的；那就是所謂「死而不亡」「雖死猶生」的身後留芳百世，等於活着走好運了。這在命理上有此說法，是極有道理的。

五　抗戰政府西遷有相看

抗日戰事的初期，上海還平靖時候，有一次，老友陶半梅到北四川路底一個朋友家中聚餐，因爲朋友都知道他也會看相，每個聚會總有人請他說幾句的。那天同在一桌上的大都是住在虹口一帶的熟人，陶半梅和他們晤會之後，發現他們住在虹口北四川路一帶的人，都有「晦氣」又有「遷移」之象。

在氣色上所謂晦氣，大都是指大小破財和不如意之事說的；至於氣色上的遷移，大都是指短時間的出門或搬家說的，但是，就當時的情形說，他們都在上海做生意，有的在附近學校裏教書，而且也大都住在虹口有十多年的時間了，看來不會有遷移之事的，然而，就相上看，他們偏有此種情形，所以連陶半梅自己也莫名其妙了。

有一天我又和他在靜安寺路靜安里見面。那天也是一個小宴會，在座中有三個人都在法租界大世界附近的遠東大旅館做事的，陶半梅看出其中二人色敗壞非常，他起初不敢對他們說什麼，只偷偷對我說：「你看這兩人還有後運沒有？」

我說：「確然有問題。」

那時我對相只粗畧懂一點，當然比不上他，不敢妄作斷語。因而我就問他：「依你看如何？這氣色依我看，最近將有大災難。」

「大災難？」他糾正我的看法，說：「五天之內將死於非命！」

這兩個人我們和他並不大相熟，而三人中另有一人姓滿的却是我的熟人；我知道他們三人是在一起做事，也都是住在法租界的霞飛路霞飛坊的；於是我就請陶半梅偷偷看看滿君的氣色，他看了就說：「此人逢凶化吉，大難不死。」

我問：「是指過去的，還是將來？」

他說：「最近，最近！」

於是我就把他們一起在旅館裏做事，也同在一個坊裏住的事告訴他。

因而他想一下就問我，是否和他們很熟，無妨請他們小心些，意思是說他們的住家地方或是旅館恐有事故。

一會我就告訴滿君說，他們三人的氣色都不大好，在兩個月內一切小心些。他們原聽過我有個朋友精於看相，但沒有見過陶半梅，此時一說起就知道了，便要陶半梅和他們說幾句。但那陶半梅不肯和他們多說，只說滿君相貌逢凶化吉，你們兩位能和他一起總是好的；其他問題等過了一個多月以後再說，因爲他們的氣色正在變化，要過一個時間才能看得準。

我知道陶半梅這話是敷衍之辭，看相並沒有氣色正在變化看不準之事；於是我在回家路上就問他，既然相上看出他們兩人有死於非命的危險，何以不指點人家避凶趨吉之道呢？

他說，他剛才告訴他倆常與滿君在一起，就算指點了，像他們兩人那種相格以及現時的死亡氣色，是明顯的無可救藥的，所以說了徒然騙人，反而增加人們死前的煩惱，不如不說的好，讓他們突然死去還少一些痛苦。

第二天滿君來電話，因爲昨夜他們也看出陶半梅有話不肯說的樣子，就問我陶半梅還有說什麽要緊的事沒有。

我在電話中也只能說他們兩人氣色不佳，恐有變故發生，因爲他是逢凶化吉的相，所以只要能夠小心就可無事的。」

因爲他們朝夕在一起，我也不敢說眞話；一則怕他們受無謂的恐懼；二則，說的太嚴重，如果看不靈，豈不是笑話。

大約過了一個月光景，日本海軍陸戰隊在虹口登陸了。那幾家住在虹口十多年的朋友，統統都在同一夜裡搬到英租界來了。一個月前，陶半梅看他們的氣色有晦氣，又有遷移之象，到此時已成爲事實了。

因爲這事應驗了，我就想到那位姓滿的朋友兩位同事了。這時候抗戰剛是揭序幕，還未演成二次世界大戰，上海的英法兩國租界是穩如泰山的，因此就想，要是他們有什麽災難，只有遠東旅館和霞飛坊發生什麽事故，戰火總不至延至租界的。

因爲虹口地區屬於日本勢力範圍和租界隔一個蘇州河，而法租界與虹口地區隔一個英租界；所以當時從虹口地區撤出的人大都遷到法租界，一則距離戰區較遠，二則房租也比較便宜。其實論安穩法租界實不如英租界；因爲上海一向英租界比法租界行政管理得好，當時住在上海的人，可以說極明顯地可以看到兩個世界：蘇州河的北面是戰區世界，而蘇州河以南却仍是洋場十里，夜夜笙歌的太平世界。

有一天滿君三個人從遠東旅館出來，想到大世界旁邊的鄭福齋飲食店去飲北平的酸梅湯。因爲當時日本海軍有一艘旗艦叫做「出雲」號的停泊在黃浦江靠虹口那一段的江中，我國空軍不時去窺探，企圖轟炸它，所以出雲艦上的高射炮彈便也不時落入英法兩租界裡了。因此他們三人當時暗中都有可能被高射炮流彈所傷的不安心理。

他們三人到了鄭福齋，飲完酸梅湯之後，剛走出店門，就聽到黃浦江中日本出雲軍艦上發出的高射炮聲音。

這在當時上海英法兩租界裡，不特是司空見慣的事，而且是大家一種乘機看熱鬧的事，每日有不少的人跑到江邊，所謂「外攤」地方。去觀看中國飛機與日本出雲旗艦兩方作戰的。

滿君就建議搭巴士到外灘去觀戰；而他兩人就說我們氣色不好，不要貪熱鬧，還是回旅館去好。

這時候，又聽見高射炮聲，他們兩人就把滿君夾在當中，兩人一左一右，手牽手預備走過大世界遊樂場門口（全上海最寬大的十字路口的馬路），他們二人之中還有人對滿君笑話地說：「上月看相的說，你是逢凶化吉的，我們兩人要靠你的福氣橫渡這太平洋了！」

眞是想不到，他們三人正走這陸上的小太平洋當中，頭上有飛機似是低飛而過。接着，看見路人在奔跑，他們三人也奔跑。但是，一聲巨響震撼天地，滿君只覺全身被震動曾離地一跳，火藥烟霧已把這小太平洋彌漫不見東西了。

實在他左右手的兩人也不知跑到那裡去了。大約有半分鐘之後定神一看：慘！滿馬路以及墻壁上血肉橫飛的慘狀，使他自己以爲已在陰府了！再定神一看，在十字路口靠近大世界門口那邊，被炸彈炸穿了有幾丈寬的一個大洞，滿馬路上是屍體，慘叫聲、恐怖聲、救護車和救火車的喇叭聲打成一片。

此時他的神志雖然比較清楚多了，但他的兩脚却輭了；他不特不能狂跑，連舉步都無力，而呆立在馬路中了。他發現自己滿身都是鮮血，而身上又不覺創痛時，又疑惑自己是鬼魂，否則爲什麽不覺痛呢？

正在呆立疑惑的時候，救護隊看見他滿身是血，如痴如呆地立着，就跑來問他：「你傷了沒有？」

這時候他才去捫自己的身體，才知道自己還沒有傷。於是他離開現場，走向遠東旅館。在路上，他發現剛才和他一道走過馬路的兩人的一隻腿，皮鞋還在脚上。又發現另一個人的破碎衣衫，以及血肉模糊的殘軀。

慘！他知道他們兩人已經粉身碎骨了！晚上他打電話給我，談述下午的情形時，毛骨為之悚然！第二天報紙上說，因我機被敵艦高射炮擊中，一個五百磅的炸彈脫落，以致路人死傷二三百人。

自那次日本海軍陸戰隊在上海登陸，把我們住在虹口一帶的朋友，於一夜間都從虹口撤退遷移到租界來的事實，證明陶半梅看相應驗了之後，接着又看到故友滿君的「逢凶化吉，大難不死」，及滿君的兩個同事果然也如其所言「五十天之內死於非命」的事實，朋友中對于陶半梅的相術就不能再輕看了。而陶半梅自己也發現「集體」看相可以看出「時局」命運的道理。因為當他看出當時住在虹口的朋友有「晦氣」和「遷移」的氣色時，自己也莫名其妙何以這許多人都有此種同樣的氣色；但到了抗日戰爭發生，他就發現，這許多人同樣氣色變化，不單是屬于「個人」的命運，而是屬于「時局」的變化表現，也就是所謂「世運」了。

於是他靈機一動，不久就跑到南京去。因為他平素與南京權貴並無往還，突然跑去南京，而且當時南京正在緊張的時候，所以我們知道他去南京必定是為着看相去的。

平日朋友對他封一個「馬路獵奇大使」的綽號，因為有一次他和幾位朋友在熱鬧的馬路上遊蕩，有一個朋友喜歡看女人，他封給那個朋友以「馬路獵艷大使」的綽號；而那個朋友就問，你自己走在馬路上不也是東瞻西看嗎？他說自己不是專找女人，而是專找奇相的；於是那位朋友就回敬他一個「馬路獵奇大使」的渾號了。

當時因爲和戰之局未定，上海人心難免浮動，我們幾位關心時局的朋友，倒希望他去南京不是在看相上有什麽獵奇回來，這是他個人之事；我們希望他能在交際中得到一些關於和戰的決策確訊。過幾天他回來了。

我們就問他關于時局的問題。他說，關于和戰之事他不知道，此次他到南京去只看見過幾個巨公的臉而沒有和他們說過話；但他又肯定地說，南京無論如何是要遷都的。

我們就問他，你既不曾和要人們說過話，又不聞和戰的決策，從何得知南京要遷都呢？

他說他在南京找到機會就去參加黨政聯合紀念週，曾看見到國府主席林森、蔣委員長、汪精衛，以及各院部長等多人，看他們的「遷移宮」即所謂「驛馬」，都有動色，所以敢斷定無論和戰，這南京政府非遷移不可。有個朋友是西北人，問他，看得出是向西北移還是向西南移呢？他說，向西移。

論當時南京國民政府的遷都一事，並無固定的決策，就實際情形來說，西北、西南也都可遷的。因此我們就問他，你所謂西遷，是否也是根據看相得來的。

他毫無掩飾的說：「是。」他說，政府是集合許多當政的人而成的；而許多人不久都要向西移動，不是政府要隨他們西移了嗎？事實呢，果然，不久南京政府先西遷至武漢，繼而定都重慶了。

六　唐紹儀作傀儡未成身先死

敵軍佔領上海南京，京滬和滬杭兩鐵路沿線地區都陷落了。最初唐紹儀被拉攏出來組織漢奸政府之說盛傳市上。當時上海的英法兩租界雖甚平安；但已在日軍包圍之下成爲孤島了。留在上海兩租界的舊日官僚失意政客，都有躍躍欲試之意。

陶半梅有兩個親戚一個姓蔡的一個姓顧的，原與唐紹儀有點關係，因爲他兩位都是日本留學生，所以唐紹儀也有意請他兩位出來帮忙組府，當然蔡顧二人都是當時影子內閣的部長人物。平時蔡顧二君都不大看得起陶半梅的看相，自那次遠東旅舘兩人被大世界門口的炸彈炸死之事，被陶半梅看準了之後，也以另眼相看了。

此時輪到他們兩位自己需要冒險去當漢奸官時，就不能不向陶半梅求教了。他們倆秘密的請陶半梅吃飯，要他看看有無官運，起先他們當然不肯先說要跟唐紹儀去當漢奸官，只問最近有無好機會或是驛馬動，很想到內地去跑一趟。陶半梅給他倆看了，果然將有官運來臨。但他說他們兩人的官運須待三個月之後方能實現，最近不會來臨。同時說他們並無驛馬動態，不會到內地去。

當時國民政府雖然內遷了，在上海還留下人員辦理救濟以及地下工作的，因此陶半梅就說他倆大約過了三個月政府可能要派他們在上海担任一些工作的。但這事實又不可能；因爲蔡顧兩位和國民政府素無關係，不可能有此事實的。於是陶半梅就問他們，是否有意參加外間盛傳的唐紹儀政府。

蔡顧二人被逼無法，就只好把實情告訴他了。但事情又不對。因爲依當時情形看，唐紹儀政府將在一個月內成立，蔡顧若肯參加，一月內就變爲新貴；若目前不去參加，則三個月後，就沒有他們的份了。那末，依事實來說，下月就要走官運了；但若依相理看，下月偏不成，這將作何解呢？

這情形又使蔡顧二位對陶半梅的話起了懷疑；因爲他倆的履歷事實上都已由唐紹儀向日方提出了，看來陶半梅的相理顯然不能與此事實相符了。

最後蔡顧兩人就問陶半梅：「依你看來，下月的唐紹儀政府難道組織不成？」陶半梅被他這一問，突然會悟，就說：「是的，依相理來看，你們兩人下月無論如何沒有官運可說，那就只有唐氏組府之事發生問題了。」

他想了一想又繼續說：「不過，我沒有看見唐紹儀的氣色不敢作此決定，如果我能看看他的氣色，就馬上可以斷定他組府之事成與不成了。」

蔡顧二人被他這一說，就建議帶他去看唐紹儀。陶半梅對於看相，本有「馬路獵奇大使」的綽號，當然同意隨他們去看唐紹儀。

唐氏本來是住在法租界的，此時因將近袍笏登場的組府時候，所以已遷到虹口新亞大酒店中去住了。於是第二天，他們三人就一同走過有日本兵看守的北四川路橋去看唐氏。在新亞大酒店裡，陶半梅只和唐紹儀談話十幾分鐘就告辭。本來蔡顧二人原想留陶半梅和唐氏一起吃飯，以爲能多一些時間把唐氏的氣色看得清楚些的，不意陶半梅沒有說幾句話就告辭了。

走到路上，他倆就急忙問他爲何這樣匆促就離開？到底看清楚了沒有？情形如何？陶半梅低聲對他們說：「現在不能說，等過了橋到家再談不遲。」

他們兩人看見陶半梅說話的態度，好像他對于唐氏有甚麼怪異的發現，當然他們更急於知道了；於是一過橋，就走進橋邊一間茶室，選擇僻靜的卡座坐下飲茶了。

「看你的樣子，好像有甚麼新發現似的。」老蔡急不能待地問：「到底你看清楚了沒有？」

「危險萬狀！」陶半梅低聲說：「在這兩三天內，你們兩位萬不可再去看他了。」

「為甚麽？」老顧說：「你不要大驚小怪！」

「他已是一個半死的人了，隨時都有死於非命的危險！」陶半梅又說：「千萬要聽我的話！隨時，不出三日！」

「眞的嗎？看來不像，」老顧說：「他除宴會由日本憲兵護送外，已兩個月連四樓都不下來的。」

他們還沒有離開茶室，茶室中已得到消息，說新亞大酒店發生事故，此四川路橋已被日兵封鎖了。

發生了甚麽事？原來有一個客人送古董給唐紹儀，當他低頭看古董時，客人拔出利斧把他殺死了。

唐紹儀被刺那天晚上，上海只有靠近虹口一帶的人，才知道新亞大酒店出了事，也不知出的是甚麽事；因為人們只能在北四川路橋和外白渡橋的南邊橋上，就可以看到兩橋被日兵封鎖，也可以望見新亞大酒店門口被封鎖的情形。至于到底發生了甚麽事，就還沒有人能知道的。

租界上的新聞記者，平時就不容易進入虹口日軍管區，此時所有蘇州河上各橋都被封鎖，當然更不能進入採訪新聞了。不特人不能進入，由於全虹口區的電話也被封鎖，連打電話去查也辦不到的。

那天晚上，有名的命理學者，曾著「人鑑」一書風行一時的林庚白，家裡有個小宴會。陶半梅也有份。林庚白是個風度瀟灑的詩人，和閩派詩人梁鴻志、李拔可等友善，那天晚上他們兩人也在座。陶半梅因爲下午剛見過唐紹儀，從氣色上斷定唐氏隨時都可以死於非命，於是就請林庚白把唐氏的八字找出來看看如何。林庚白不待去找，就隨口把唐紹儀的八字「辛酉、庚子、丙辰、己丑」唸出來了。

於是陶半梅就問：「你看他此次能夠東山再起嗎？」

「他們沒有好久就要開幕了，那有不出山之理？」李拔可在旁就作如是觀。

但林庚白却搖搖頭說：「東山再起？如果沒有命理，那就罷了；如果有命理，那末老唐今年的命運，不是要他『出山』，而是要他『上山』的！」陶半梅聽了也不免有些驚奇地問：「眞的你看他的命運也是這樣嗎？你能看得出大概甚麼時候要上山呢？」

「甚麽時候？」林庚白說：「論節氣應在這十五天之內，而且可能是暴卒。」

他又補充說，「不過，也能有多少出入，但東山再起總是不會的！」

此時梁鴻志也來參加談論，他就對陶半梅說：「聽你剛才的口氣，好像你曾看過老唐的相似的。你的看法如何？」

於是陶半梅就把他下午去看唐紹儀的情形告訴他們，說是依他的氣色看法，在三天之內，隨時都有死於非命的危險，無法逃得過的。

那天夜裡在林庚白家中所說的大都關于命相之事，大家都以看看唐紹儀命運如何，作爲陶半梅和林庚白的招牌。

第二天一清早，上海居民們就聽見街上報販沿街大喊道：「賣報！驚人大消息：唐紹儀在新亞大酒店被刺斃命！」

第二天早上報紙一見新聞，林庚白和陶半梅都接到許多朋友的電話，說他們對於唐紹儀的命相果然看準了。

七　富貴有命生死有數

當晚陶半梅就約林庚白在家吃飯，在座的還有兩個上海有名的書畫家，一個是青山農，一個是銅琴鐵劍樓主人某君。這兩人本來昨天晚上也都在座的，他們兩位都是佛教徒，對于富貴名利看得很淡，對于命運之事也沒有多大興趣；但因昨天晚上談到梁鴻志和林庚白自己的命相時，因爲陶半梅吞吞吐吐沒有說淸楚，而今天唐紹儀之事，又完全應驗了，他們和梁鴻志都有交情，也知道一點關于梁鴻志的近事，所以聽見林陶二人會談，便也來聽他們倆到底如何論斷了。

因爲昨晚梁鴻志曾請陶半梅看看他的氣色如何，陶半梅當時曾說他最近有「東山再起」的氣象，梁鴻志被他這一說，顯然有些臉紅不自然的樣子，陶半梅是一個極聰明的人，他看出此中必有秘密，因爲梁鴻志是安福系要人，曾任段祺瑞執政政府的秘書長，與國民黨政府是敵對的，那末他的東山再起，除與日本方面勾結沒有其他機會的；於是梁鴻志問他此後好運有多久時，他就說有八年時間，但比較得意的，只有頭三年。梁再問八年之後結果如何時，他就含糊其言，不肯說下去了。其實，這時候梁已與日本方面接觸，只是他要做主腦，不肯附在唐紹儀之後，所以他一聽見唐紹儀的命運亡在旦夕時，特別興奮，希望陶半梅在相理也能看出和林庚白依命理上所說的一樣；因爲林庚白曾說梁鴻志將東山再起，出來組府，身爲首魁的。這些內中的一些秘密，林庚白和青山農諸人常與梁來往的人都知道，惟有陶半梅末之聞的。

因此，吃飯時就先就梁鴻志的事談談。林庚白先問陶半梅的看法，陶半梅說，唐紹儀的慘死他既然看準了，那末梁鴻志的出山當無問題的。據他看，梁鴻志今後晚運將有八年的富貴的運中，林庚白說這斷法和他的命理相同，梁鴻志必然出山無疑了，據青山農說，從前有個算命的也說梁於午運之後有身當一國元首之尊，而他自然不相信；但此次日本方面竟然和他接觸，所以他以爲這是命中註定之事了。

但過去算命的並沒有說他的最後的結局如何，現在要論斷他的結局問題。

關於梁鴻志的結局問題，依林庚白就命理看法，六十四歲大關難逃過去，而且不是「壽終正寢」。

當時一九三七年梁氏是五十五歲，依陶半梅和林庚白兩人以命相合參看法，雖然富貴之運有八年之久，而所謂貴等元首之尊，也不過三年的歲月。照相局看，梁氏身體魁梧，而兩肩削弱；貌雖清奇，而兩目失神；所以死於非命，且當流血無疑。

本來那位銅琴鐵劍樓主人某君有個親戚想參加梁氏的計劃，他就把此事請教林陶二人，問他還是參加好不參加好。

林庚白說：梁鴻志也曾請他參加，但因他看出梁之政治壽命無多，而且結局不好，所以託詞不參加了。本來林庚白是日本留學生，梁氏頗想藉重他的。

林庚白之所以不參加漢奸政府，還有一個命理上的原因，他有自己的八字，一九四一年四十八歲大凶，而且也有死於非命的可能，所以他就決定不再參加任何政治活動。此時他也請陶半梅替他過過眼，四十八歲到底如何。陶半梅只對他說一句：「你四十七歲下半年起，就要逃離戰區較遠的鄉下去住，才能幸免四十八歲那年的大凶。」當然林庚白採納了陶的話。

事實上呢，唐紹儀被殺後，梁鴻志果然於一九三七年袍笏登場，組織維新政府于南京，自爲行政院長。當時不設主席，梁只是以行政院長名義執政而已。

一九四〇年汪精衛政權成立，自爲國府主席，而梁氏的元首執政就被交出了。

當梁氏甫登台之時，絕對想不到汪精衛也會來當漢奸的，他滿心以爲有八年時間當政府的首領，想不到果如陶半梅所預言，「比較得意的只有頭三年。」

更奇怪的是，一九四五年抗戰勝利，汪政權解體，梁鴻志在上海被捕。第二年，梁鴻志在上海虹口區提籃橋監獄執行槍決，時年六十四歲。

這一切的一切，關係一個人的榮華富貴、夭壽吉凶，在九年前的一天晚上都由林白和陶半梅二人在命理上給他斷定了的，命相之事，豈不怪哉！

至于林庚白此人也算一個怪傑，此君聰明絕頂，放蕩不羈，他的詩才最高，但因詩乃不俗之物，所以他的詩名反被他的高明命理所掩沒。他的算命確然在一般算命先生之上，他之一生不做官，也一半由于自己算定自己並無官運所致。

就當時林庚白在北洋政府時代的交遊論，要得一官半職是很容易的事；然而他一向只貪清閑，對于求利倒有興趣，對于求官却懶得在負直接的責任。

九一八事變之後滿洲國成立，遜清宣統末代皇帝復位作日軍的傀儡，由宣統的太傅鄭孝胥任國務總理。鄭乃林庚白的姨夫，青山農的同鄉兼老友，登台之後曾寫信給青山農和林庚白，要他兩人携眷到滿洲去做滿洲國的高官，林曾和青山農商量此事，青山農此老也算是一個亂世的守份者，也是得勝者。

他一生不做官，半生在上海商務印書館中服務，據說原因有二：一個是自幼喪父，不忍離開老母；二個是他年青時有一次快去當縣長了，算命的說他命裡一生不宜做官，結果那縣長就當不成，因而使他相信命不該爲官；所以他對鄭孝胥的相邀也不貪圖。林庚白也因爲相信命運也不去了。

此時因爲陶半梅會看過南京遷都前的政府諸要人的氣色，斷定政府必定西移，因而他得到「集體命相」的看法，他就把這集體命理的道理告訴林庚白，林庚白從前還沒有發現，聽到陶半梅就理論認爲十分有理，世局的命運可以從集體的人命中看出的，於是他後來就把參加梁鴻志的維新政府許多新貴的八字看過，果然發現他們之中頗有同運的現象，梁鴻志在準備袍笏登場之前，也曾於一個集合其影子內閣的宴會中，邀請陶半梅去看他們的相格和氣色。

陶半梅看了雖然都稱許他們的官運亨通，而自己心裡是大大難過；因爲他發現參加僞政府的許多新貴，只有兩位於八年之後尚可安平無事，得保首級；而其他許多都和梁鴻志有同樣的下場！因此他堅信抗日戰爭於八年之後必然勝利。

林庚白也因爲此，不久就退到內地去，在政府中任一清閑的高官，住於重慶。

此時陶半梅也在重慶，由於當時敵機時常來轟炸，有一天他路上碰到林庚白，就勸林以離開重慶遷地爲宜。林自知命運不利，記起前幾年在上海時，陶半梅曾警告他務於四十七歲起就要避居鄉下去的，於是他就決定避去香港，比內地任何地方都好得多；因爲當時太平洋戰爭還未爆發，香港實爲安全之區。想不到，他到了香港不久，日軍在九龍登陸，他竟然無意中被日兵打死！

八　重慶大慘案集體有相看

一九三九年重慶大隧道防空洞發生大慘案前，命理名家林庚白和相術大家陶半梅都在抗戰首都。他們兩人原是好友，在敵軍初佔京滬時，曾由陶半梅發現集體看相可以斷定時局的道理，引起了林庚白對於集體命理的注意。

他們先後從南京僞府諸新貴的命相，看出他們只有八年的命運，因而相信「抗戰必勝」的理論可靠的。於是他們倆就先後都到了大後方，從事抗戰的本分工作，克盡國民責任。

有一天他倆無意中在七星新崗報館碰面。陶半梅就問林庚白有什麽新發現沒有？意思是問他在集體命理上有沒有什麽新的發現。

林說，在政府要人方面並沒有什麽新發現，只是重慶市長吳國楨今年將有不如意之事發生。

至於一般人方面，却似乎會有什麽變故的；因爲他曾看了七八家全家老少的命，似有全家遇難的現象。陶半梅聽了就對他說，由于看相比算命容易，不用開八字，也不必相熟或面談，只要在公園裡、在辦公廳上，甚至馬路上，不管相識不相識都可以看的，所以他最近三四月來差不多看了百多家的全家人氣色。約有百分之八十以上，全家都要於這三個月內死於非命的；因此他認爲重慶不久恐怕將有大災難。當然，在戰時的大災難只有「淪陷」或被「空襲」二事。以當時情勢看，淪陷不至，就只有被空襲了。

就命相上所得到的這論斷甚屬合理；因爲如果重慶淪陷則政府人員至少必先有遷移的氣色變化，甚至也有更壞的氣色發現，然而現在他們並無壞氣色呈現。

至於吳國楨個人流年不佳，那是個人問題，無關大局。從這理由說來，重慶居民中竟有許多命相不佳，而且大都是全家人的惡相，恐怕只有被慘重的空襲了。這是林庚白和陶半梅兩人私下的推論和交談，因爲恐怕影響人心也怕當罪不起，所以一點也不敢對人透露這事情，但他倆却深信這集體的災難恐難幸免。

既然他們兩人斷定這災難必在空襲上，也就在空襲問題加以研究。他倆都認爲，依過去重慶市區被空襲的情形看，因爲重慶是一個山城，防空設備也好，每個政府機關、人民團體，甚至許多私人家裡也都有防空洞的設備，想不致於會有太慘重的罹難的，因而他倆也有些莫名其妙之感了。

由於他們兩人所發現的全家慘死的命相人家，大都住在大隧道附近，更使他對這問題不能解釋了，因爲依報紙所報道的，大隧道防空洞是全國最大，也是最好的防空洞，就防空的安全上言，住在大隧道附近的人家應是有福的。

林庚白當時是在一家報館裡做事，他也是一個政府的立法委員，他有好幾個地方的很好防空洞都可以躲的。

陶半梅住在小樑子附近，那裡與大隧道接近，他曾於空襲時到過大隧道的。依他自己躲過看過的所瞭解情形，大隧道防空洞的建築和設備都是最好的，在這一地區附近的居民，當不致於有空襲上的大災難的。這是陶半梅心裡所桎梏的問題。

有一天他又到大隧道附近地區走走，剛好又遇到林庚白和另一朋友同行，林庚白就問他近日有什麽新發現沒有？他說越發現越多，今天也是爲這個問題來走走的，林庚白就說他今天也是爲正事來的，他在這地區也發現很多那種氣色的人。

原來自前次半梅談起許多人面上都呈現有「死亡氣色」時，陶半梅曾教林庚白怎麽看，而林庚白是個聰明的人，經過陶半梅兩次帶他到熟人家裡或路上實地練習，就也會看到七八成了。

他說他剛剛到過朋友的親戚家裡坐談，也發現同樣的情形，就是全家都有「死亡氣色」；但奇怪的，那家却有兩位老夫婦偏沒有此種氣色，這又是一個奇妙了。

陶半梅也告訴他說，他也發現此事，就把林庚白所認識的有一個姓賀的老頭子，說他今年已六十九歲了，他的一家除他外還有兩個兒子，一個媳婦和孫子等共五個人，其中就是他自己和大兒子兩人氣色正常，其他四人，都有那種不好的氣色，據他兩人所觀察的，像此種情形的也不少。

爲着這件事，林庚白和陶半梅二人就無疑地斷定不久大隧道附近將有大災難，但到底要發生什麽災難就，不得而知，只是就當時重慶及戰局看，似乎只有被空襲一事的。

爲了這事，林庚白和陶半梅二人，就儘量勸他們的相熟的朋友，搬離那一區，當然因當時重慶搬家是一件不是太容易的事，搬的人也不太多。而陶半梅所住的親戚姓蔣的家裡原住在小樑子，就由陶半梅想法搬到七星崗去住了。他的親戚原不願搬，其中有一理由就是靠近大隧道一個防空洞口，有防空安全上的便利。

到底陶半梅竟把他所寄居的親戚蔣宅，從小樑子搬到七星崗去，是否在蔣家發現有

「死亡氣色」的人呢？沒有。但是，與蔣家一個大門裡住有一家姓薩的，是蔣家的好友，這一家老少共有九口之多，只有一個老太太和兩個女孫氣色正常，其餘六人都有死亡氣色的。

蔣家只有夫婦兩人，連陶半梅只有三人，陶半梅當然不敢把這氣色上的秘密告訴蔣家夫婦，只說有一件事要等一兩個月後告訴他倆，眼前需要暫時搬離此屋，等事過之後再遷回來；因為蔣家兩夫婦知道半梅善觀氣色，就只好聽從了，也因為兩個月之後就要搬回來的。

果然搬家之後只有二十八天，大隧道防空洞的大慘發生了。是他們初聽到大隧道發生死人近萬的消息時，可以說是全重慶的人都不敢相信，尤其是陶半梅會在那洞裡躲過的，認為必係謠言。因為大隧道防空洞的建築工程非常堅固，一般炸彈是不能把它炸毀的。洞裡既廣且深，可容二三萬人。而且有幾個出口，有一個洞口就在小樑子附近。洞裡有電力氧氣設備，躲在裡面雖然不如私人住宅的自由，却比任何私人的都堅固安全，那會出事而會死去許多人的道理。

但是，後來一查，原來不是被炸毀，而是氧氣出了毛病，裡面的人是因空氣不夠硬悶死的。陶半梅和蔣家夫婦，一聽見這消息就趕去小樑子老家去看那同居薩家，果然他們全家九口人都到大隧道防空洞裡去，把大門反鎖了。慘！當然小樑子一帶不只這一家，附近人家也大都是把大門反鎖着，而天黑了還不見回來，這明明是死了的。

更慘的是當時洞口一帶已被憲兵封鎖，避入洞中的萬餘人，除靠近洞口少數幸運的人得呼救請求憲兵把門開啓逃生的外，近萬的絕大多數的人都悶死在洞裡了；而未死的家人或是在別處的親戚朋友，聞訊趕來也無所用，因爲洞口的路被憲兵封鎖，連認屍都沒辦法。

許多被悶死在洞裡的人說還不是全死，只是一時窒息的半死，都被認爲全死，用卡車堆滿一車又一車運往江北寺灘荒野之處去集體掩埋了。極少部分大難不死的人，有的是奄奄一息的，有的是遍體鱗傷的，都被送醫院去。因爲探望的人太多，大家一時也都無法望得到。爲了看管薩家的空屋和自己的房屋，那天晚上蔣家命陶半梅就打算明天遷回小樑子。

那晚他們到各方奔走探詢親友消息，回到七星崗新居已經很晚了。新同居向他們談論今日之事時，就向他們三人祝賀，說是幸而前二十幾天由小樑子搬來，否則今天你們也要到大隧道去躲空襲的。這話眞把蔣家夫婦二人說得跳起來了，他倆過去幾個鐘頭忙於奔走探訪，把此事忘掉，此時他倆突然記起上月搬家前，陶半梅力勸他搬家的話了。

「老陶，你所說的我們應當搬家的理由，是否就是這回事？」

蔣某說了之後，他的太太又接着說：「爲什麽那天不也勸薩家一道搬呢？」

「當時你們倆只有兩口子都不肯搬，他們九口之家，那裡肯搬？」陶半梅說：「而且我也絕對不敢說他們全家不搬就要死！」

蔣太太就問：「那末你當時根據什麽要我們搬家？是我們有什麽不好的氣色嗎？」

此時陶半梅才把和林庚白二人所研究的問題大畧告訴他們，說是當時他沒有想到大隧道防空洞本身會出毛病，只想到小樑子一帶會中炸彈，因爲薩家九人只有老太和大咪小咪三人氣色正常，其餘六人都有「死亡氣色」，雖然我們三個人自己沒有壞氣色，恐怕被他們六人所累，雖然不死，受傷受驚也當不起的。

陶半梅又說，照相理看薩老太和大咪小咪本不當死；但若今天她們三人也死的話，那就明明是受死人運所累了！

蔣家夫婦聽了就說，如果你看的相是對的話，薩老太和大咪小咪也許還沒有死，明天再去打聽一下。

果然當第一天他們搬囘老家時，薩老太和大咪小咪都已被救活送囘家裡來了。她們三人怎樣可以不死呢？因為她一老兩幼，當洞裡氧氣缺乏之時，大家都像發癲狂一樣大喊大叫，一面向洞口擠，但又擠不出，於是後面的發瘋狂地抓打踐踏前面的。她們一老兩幼看那情形，就只好躲到後面陰凉的地方，伏在地下，把鼻孔嘴巴朝向有濕水之處，所以雖然當時也昏迷了，却還能顫動，沒有斷氣的。

後來一查，凡是能活着的，都是像薩老太的情形一樣。前面提過的那個賀家老頭同樣情形也沒有死。至于賀家的長孩子，因為那天放工後到朋友家裡去吃晚飯沒有囘來，所以果然像陶半梅所看的，他面上並無死亡氣色發現，也沒有死。

這樣看來，關于任何大慘案的發生，集體事先原也有命相可看的。

九　鼻分善惡、貴賤、富貴三類型

無論男女，就面相說，五官之中，以鼻爲主，鼻相可用「上格」和「下格」兩種分劃。屬於上格的，又可分爲三類：第一類是「善」相，即「善人」之相，乃指「品格」說的；第二類是「貴」相，即「貴人」之相，乃指「權位」說的；第三類是「富」相，即「富人」之相，乃指「財富」說的。

善人不一定富貴，但一生必定「安樂」和「善終」。貴人未必富，富人未必善；也都未必一生安樂善終。貴人之有益於人之事，當比富人更多；因爲爲富之人每自厚甚至不仁。

所以論福相，應以「善」爲貴，「貴」次之，「富」爲末。這是上格的三類，每一類又分上、中、下三等級，即大善、中善、小善；大貴、中貴、小貴；大富、中富、小富等各三級。

從前老釣金鰲在北京看相時，初次花十塊大洋請他清談一次的，只能替人斷定相局屬於那一格和那一級而已，你欲細說，第二次再來。

普通看鼻相，善格之鼻以「端正純潔」爲主；貴格之鼻以「通天有勢」爲主；富格以「豐滿藏孔」爲主。這也只是粗淺大畧的看法，不夠精到，也不能斷定其屬於上中下的那一級。

要斷定其爲大貴、中貴或小貴之類，就必須與其他五官和全局看了。

從前北京有個精於相術的黎四爺，據說他會在上海看見過國父中山先生，他說中山先生的鼻是大善兼大貴，但無富。

他也看見過上海大富翁哈同。他說哈同的鼻是大富，小善而無貴，所以據他說，大善兼大貴鼻有；大貴兼大富之鼻也有；大善兼大富之鼻就沒有；而大善，大貴和大富三者兼全的便永遠沒有此種人了。

至於下格的鼻相，也分爲「惡」、「賤」、「貧」三類，每類也分上中下三等級。三類中以惡相爲最劣，因爲必然他自己不得善終，死於非命，甚至全家慘死的。

惡相不一定兼貧相，貧相也不一定兼賤相，不過，由於社會制度的關係，貧相的最多，貧兼賤的次之，而惡相的則最少。

所以所謂「世上惡人多」並非事實，而「貧賤」的人多，倒是事實。由于貧的人既多了，因貧賤而暫時作惡的自難免，因而便覺得惡人多了。其實，這並非固定的「相格」，而只是暫時的「變相」。這也就是所謂「相由心改」的理由。

雖然男女的面相都以鼻爲主，而男女的鼻却也有分別，並不能同樣看法的。同樣的鼻，放在男人面上是貴，放在女人面上不一定是好，甚至是壞。

鼻的三種型，惟有「貴型」不能男女同視，其他「善型」和「富型」兩種，男女都可以同樣看法。也惟有貴型的鼻，必需要以顴相配，如果無顴相配，可能反貴爲賤。

至于富型的鼻，如不得相配的顴，至多不能大富或富而不久，不致于反富爲貧。

再如善型的鼻，則與顴相配與否無關，絕不至反善爲惡。這是鼻三型的各具其不同的特質，學看相的人需要明白的。

就貴型的鼻論，蔣總統的鼻便是「大貴」之鼻的典型。我相信，凡是見過蔣總統的人對其尊容所最能觸目，同時一閉目就能得其印象，他的五官就是鼻與眼睛最特別，貴型的鼻第一就是「正直」，第二是「樑高」（即兩目之間的鼻樑，相書上叫做「山根」的不陷，能高起與兩眉之間的「印堂」連在一起）。第三是「有力」，即不宜有肉亦不宜露骨。蔣總統的鼻，就是合此三個條件。

故國府主席林森的鼻，正直夠，但山根不夠起，也不夠有力，他只是「中貴」兼「大善」的鼻，就鼻的全局論，蔣總統的鼻則是「大貴」兼「中善」和「中富」的鼻，所以雖貴為元首，而一生難免勞碌奔波，就安逸言，反而不如林主席了。

至于蔣夫人的尊容，最使人得到印象的，則是左右兩顴的豐腴與秀美的鼻型。從前有不少的人初看蔣夫人的顴，都以為有「顴高不利夫星」之嫌，或以為她是相當厲害而好弄權的夫人。其實這都是皮毛之見，蔣夫人的顴可以列為「善型」兼「貴型」之類。何以是善型呢？可用「豐、潤、圓」三字來說明；何以是貴型呢？可用「不突兀」「不露骨」和「不見柄」三「不」去說明。因此，蔣夫人的才能，全為相夫之用，而不「自用」。

北京老釣金鰲和秦四爺兩人，都見過慈禧太后。他說，慈禧太后的顴就是「突兀」「露骨」和「見柄」；所以好在她的鼻不貴，否則，何止垂簾聽政而已，弒帝自立，早已是亡清的女皇帝了。

看相以看鼻為主；因為它具備了「善、貴、富」三型的基本而且玄妙的條件，不特可以看一個人的前途，更重要是可以看人的善惡。

十　與命抗衡的事例

一般算命看相先生每每爲着掩護自己判斷的正確，對某一件事常常向人强調「不可避免」，或「必然發生」的說法。此種堅定的態度，確定的語氣，原是好的。但是，凡事都有例外，命理也不能免。

比如斷定一個人的壽數，命相先生每每說某年「坐鐵轎子也抬不過去」之類，而事實上到了那年那人並沒有坐鐵轎子也平平安安地過去了。這不是叫人最少空怕了幾年嗎？

關于斷定壽數一事，有的就命相上看很明顯的，可以把它作一個鐵定的判斷，但最少有百分之三十以上是不容易判斷的。就是很明顯的，可以作鐵定的斷語的，也可能有例外。這可能由于八字本身的「變格」，或因行善「積德」的影響，也可能由于本人絕對「謹愼」的結果，固然這事例的百分比佔得很少，但必須保留這些例外。

除屬于變格不能說其理由外，屬于積德的事例倒不少，如有名的唐朝宰相裴度，年靑時有一天路上碰着一個相士，說他將來要餓死；過了若干年，裴度又碰到那相士，竟因行善改相，變爲前程無量的好相。

有一個現在還在世的老算命先生，他算自己六十歲那年恐怕度不過去，就避到鎮江的焦山，在長江的江中孤島上住了兩年，竟然也安然沒有死。

我有個老友劉君，北洋政府時代在北京做事，算命的說他命中有一妻兩妾；在當時的北京風氣，男子娶妾是極平凡的，有地位有錢的人，不必命中有妾才娶妻，娶妻也不一定要反對的。但因這位劉先生，他平日反對娶妾，有意與命運抗衡偏不娶，後來生了三個孩子都夭折，算命的說他妻不留子，妾才能留子。親戚朋友們也都勸他納妾。但他偏不納。結果，五十多歲了他的太太又生一個兒子，長大成人，終然把命運的支配也硬改過來了。

這類事例固然不多，但我們必須承認有此事實。不過，要注意的這裏有「行善」與「作惡」的分別，命中有妾而不娶妾是行善；若命中無妾而要娶妾，或因自己享受而娶妾，那便是「作惡」了。屬于行善之事，反抗命運可能成功；因爲這正大光明，于心無愧之事，便是造化命運的動力。如果爲着作惡去反抗命運，那便非失敗不可的。此種屬于行爲心理作用，本身就是命運的動力，萬不可忽視的。

十一　夫妻命註定　博士當龜公

友人章君，北京清華大學畢業後，留學美國，得經濟學博士學位，曾是國內的名教授，新舊學識都很豐富。

但此君偏是一個相迷，每到一個地方，必定查詢當地出名看相先生，如果時間允許的話，他非去算算命看看相不可。問他何以這樣着迷，命相先生不是所說的都差不多，何必算了又算，看了又看呢？他說他和別人不同，他並不是「着迷」，也不單是爲了欣賞命相先生的「驗語」，更不是聽聽對自己命的「好評」，爲的是要得些「新發現」。

什麽叫做「新發現」呢？據他說，每一個好的算命看相先生，都有一些「獨到」之處，雖然一個人的命相大體上不會有什麽大變化，一般命相先生也說得相差不多；但若對某些事有特別的情形時，好的命相先生却各有不同的看法，而有特殊的發現。他就是喜歡這發現的東西。

據他說，他之所以如此是有原因的。當他年青正在淸華大學讀書時，有一個女同學和他很要好，可以說已由戀愛進入議婚的階段。那時候距離畢業只有一年時間，兩人都是四川人，原定大學畢業之後，他到四川財政廳做事，而她則到教育廳做事；因爲淸華大學在四川很吃香，所以事情差不多都說好了的。

可惜的是，那位女同學是成都人，而他則是萬縣人，兩家素不相識；那時還是民國初年，男女戀愛固無問題，而自由結婚的風氣還未十分開通，需要經兩方家長的同意，先訂婚後結婚。

兩家家長雖然都得到他們兩人的家書互相介紹，也寄過相片，大體上也都滿意了；但女家家長最後的决定要看男子的八字，又要請女子的舅父（正在天津做事）過過眼。這時候他們兩人都是「五四運動」時代的新青年，當然不瞭解什麽「合婚」之事，女家家長既然要男家的八字，他就把自己的生日時辰開出去了。

想不到，一個多月後，女同學接到家書，說是「合婚」不成，此塲婚事應作罷論，得信時男女兩人都十二分失望，而且憤怒，因爲，一則兩人感情已到成熟階段；二則同學中不特都知道他們兩人在戀愛，而且都準備吃他倆的訂婚酒，迫得無法，兩人只好一面寫信回去，反對「合婚」，主張「自由」；一面寫信天津，請女家的舅父爲他倆表同情，替他倆說好話，作主張。

沒有幾天，女同學的舅父何先生就由天津來到北京。何先生時常來北京玩，曾見過章君的，章君品貌出衆，談吐動聽，何先生本來也很喜歡他的，何先生當然見到自己的甥女劉小姐，也看到了小舅子寄給劉小姐的來信。

信中很簡單的只說兩件事：頭一件是說章君的八字與劉小姐合婚不成，千萬不可勉强；第二件，說是關于章君八字事，不必告知章君，內中情形，已寫信給天津舅父，當能當面告知，務請聽話；終身大事，愼重爲要，萬不可自作主張。

于是何先生就把劉小姐父親托他的信給劉小姐看。信中說，章君的八字曾經成都最出名的兩位算命先生看過，一致認定八字本身雖然不差，財祿也都有；但妻宮甚壞，將來娶妻，難得良家閨女，而且命中兩妻一妾，並有不貞之事，即章君本人，也是風流之子，二十五歲以後，難免尋花問柳，暗中缺德。更具體的一件事，那時章君正是二十二歲，明年二十三歲大學畢業，原預備畢業與結婚同時舉行，就回到成都任職的。但算命說他二十三歲，只是大學畢業而不能結婚；而且不可能回故鄉，那年的秋冬之季就要遠走他鄉，大概出國去留學的當然信中還請何先生以舅父的地位，多多勸慰劉小姐的話。

劉小姐看了此信，沒有什麽話可說。原因是那兩位成都有名的算命先生，劉小姐不特也知，而且前三年由成都動身來北京投考大學時，也到那裏算過命的。那時劉小姐原想投考國立北京大學；但算命的說她此去要考兩個大學，先考的成功，後考的不成功。當時劉小姐十分歡喜；因爲她只打算先投考北京大學，如考不上，再考其他大學，算命先生竟說她先考的可成功，豈不正合下懷了！

然而，事實上來得很奇怪。劉小姐到北京時，向北京大學報名投考，專心等待考期，不曾計劃投考第二校；因爲一則她一心一意要考北大；二則算命的也說她先考的可以成功。奇怪的是，在北大的考試前幾天，清華、燕京、高師等都舉行入學試。因爲北大錄取學生名額有限，考上較難；所以與劉小姐一起去北京投考的人，都紛紛先向各校投考，作爲萬一北大考不上退步的準備。劉小姐當然也不能例外，就擇了清華大學。

劉小姐報名之後忙于應付考試，直到考完入學試從清華大學走出街上，才突然記起成都算命的說過「先考的成功，後考的不成功」的話。于是她茫然若有所失，憂慮北大恐怕考不上了。

不過她又想，北大是先報名，也許算命所說的是指「先報名」而言也不一定，這當然是一種自我解釋，自我安慰的心理。過了一個星期，清華新生還沒有發榜，而北大考試了。

考完北大，她自認考得不錯，但是，事實上，清華先發榜，她考上了；接着北大也發表了，她落選了！命運！這是劉小姐三年前第一次的經驗。

因爲有了這一次應驗，所以她對成都那位算命先生所說的話不能不相信八分。尤其是信中所說的什麽「將來娶妻，難得良家閨女；而且命中兩妻一妾，並有不貞之事」等等，不能不使劉小姐存戒心了。于是她就向舅父何先生建議，爲着維持章君的友誼，也爲着不使同學們的竊笑，由舅父出面向章君主張，婚姻之事暫緩一下，等大學畢業試行過後再說，一面由舅父寫信慢慢和家裏重新商量。

實際上劉小姐所打算的是，到了明年畢業考後，章君會不會出國留學可以知道了，如果眞的打算出國留學，那末算命所說的話就完全可成了；如果仍然依照原定計劃回到成都去做事，那末算命的話既不靈，到那時再主張和章君結婚也不遲。他們甥舅兩人此種計劃，果然也把章君說服了。

但是，章君是個很聰明敏感的人，不久他發現劉小姐對他有些有意疏遠的樣子，因而他想到前次劉小姐的父親來信，曾說他們兩人「合婚不成」之事；同時以前也聽劉小姐說過關于成都算命說她投考大學的事。心想，劉小姐也許因相信合婚之事，所以打算和他慢慢疏遠的。

于是有一天章君于劉小姐不介意中，打聽了劉小姐的出生的時辰之後，一個人偷偷地跑到北京前門外天橋去請教算命的，到底他們倆「合婚」上有何不宜的道理。

章君曾事先打聽天橋有一家「天乙館」算命最靈，他就跑進天乙館，開出兩人的八字，對算命先生太乙老人這樣說：「這個女人的八字是我的堂妹，男的是我的朋友，請你給他們看看兩人是否可以合婚？他們倆最近就要結婚了，到底有無什麽大不利？」

太乙老人把他倆八字排了之後，就微笑地說：「他們倆眞的最近就要結婚嗎？」

「是，他倆有此決定。」章君話還未說妥，太乙老人接着說：「不成！他們倆不是夫妻，不僅最近結不成婚，永遠也不成。」

「眞的嗎？其中到底是何道理？」章君覺得這位算命先生的說話太大胆。

「關于五行上的道理，說了恐怕你們年靑人也聽不懂，現在我只能就格局上和事實上說。」

太乙老人便指着劉小姐的八字繼續說：「這小姐的格局，是眞正月德金輿祿，後歲她出閣時，她的新郎就是一個貴人，文官是簡任級，武官是少將級以上的官員。而這個男子呢，雖然將來也是一個簡任級的貴格，但後歲不配做她的丈夫。再就這男的命運前途說，他明年有出國留學的喜事，此人倜儻風流，妻宮也不甚好。一生有兩妻一妾，且有異國鴛鴦之象。」

聽到這裏，章君心中又驚又喜，驚的是，如果算命說對了，劉小姐後年就要嫁給別人了；喜的是，如果他自己也被說對了，自己將來既是高官，而有兩妻一妾之福，且有異國姻緣之喜，豈不樂哉！

從此，章君和劉小姐兩人心裏各懷異胎，貌合心離。章君心裏想，出國留學是他自幼就想起的願望，算命竟然說明就有這機會，豈不妙哉！他想，橫豎明年就在眼前了，明年留學之事能應驗，則其他的事也可能應驗；否則就完全胡說八道。

眞想不到，到了明年，果然有臨時考取官費留學的事，留學正在考試各大學本年度畢業試後的一個月舉行。章君就暗中準備，不肯告知劉小姐，而劉小姐也暗中觀察，不肯明問章君。

然而這大事終不能隱瞞，章君喜出望外地，這全國性的官費留學考試，竟然榜上有名了。

出國、留學，尤其是官費，在當時學生界中是頭等榮耀的事。劉小姐得知章君考上了，雖然更相信成都算命先生的話，也雖然更決心不能和章君結婚；但一寸芳心也多少難過；因爲一個官費留學生的前途好像是無限的，而她總算失去了！而在章君方面呢，畢竟男子心腸硬些，也可以說他本係一個倜儻風流人物，更因相信了太乙老人的算命，金榜題名之後，便大作其異國鴛鴦之夢了。

果然那年冬季章君出國留學去。出國之前，他和劉小姐當然也還有餘情，甚至是一種假義，說是如果劉小姐能等他的話，他決定留美讀得博士學位囘來和她結婚，劉小姐就爽直表示這婚事恐怕不成，因爲父親去年根據成都算命先生所說的話，合婚不成之事本來可以不信；但算命先生却也說他今年要出國留學，現在竟然成事實，因而合婚之事就不能不相信了。

章君一聽這話，和他自己在太乙館裏所算的命竟然相同，就驚奇地問到成都算命的還說別的沒有？劉小姐也就順水行舟地就把算命的說他命中有「兩妻一妾」之事。章君越聽越驚異，口中雖是無言，面上雖也表示失望；但他心中卻在暗喜，因爲成都和北京的算命既然說得一樣，則將來兩妻一妾的艷福實堪自慰了！

其實，此時的劉小姐，心中也和章君一樣暗自歡喜；因爲她接到父親來信，有位英國留學的財政學家，最近要就榮任四川財政廳長，曾托人向劉小姐的父親說項議婚，明年榮任廳長後四個月，希望能和劉小姐結婚，八字也由算命先生合過，正是珠聯璧合百年諧老。因此，劉小姐一面要表示自己要另擇對藕的態度，一面表示對章君婚姻前途的關懷，在章君出國前兩天，就把去年父親寫給舅父的信給章君一看，那信所說的就是：「章君的八字曾經成都最出名的兩位算命先生看過，一致認定八字本身雖然不差，財祿也都有；但妻宮甚壞，將來娶妻，難得良家閨女；而且命中兩妻一妾，並有不貞之事。即章君本人，也是風流之子，二十五歲以後，難免尋花問柳，暗中缺德。」等語

後來章君到了美國，二十五歲之後果然尋花問柳起來，結識了一位酒吧間的侍女。因爲肚子大了，被迫在美國結婚。

一年後所生的孩子夭折，女的仍在酒吧間工作，難免有招蜂惹蝶之事，不久也就離開了。章君此人有些務外，也難免作僞，取得博士學位之後，在美國做事一年，又和一

個美國女子結婚。這女子又是酒吧間的侍女。爲什麼他又娶女侍呢？他說：當時美國女子不像今日，她們大都看不起中國人，不肯下嫁，所以只有向下級女子方面去尋找了。在美國，職業平等觀念，和低級女子結婚，本也無所謂。

後來章君才會悟到，他如果不在美國尋花問柳，不在美國做事結婚的話，以一個博士學位的資格囘到中國，那怕沒有大學畢業的千金小姐、名門閨媛嫁給他？爲什麼偏偏要在美國結婚呢，想起這事也許就是算命所說的「妻宮甚壞，將來娶妻，難得良家閨女」的理由吧！

章君在美國和第二任太太結婚不久，由于每月收入有限，太太仍在酒吧間做事。中國的丈夫，無權控制美國的太太，而中美夫妻間的感情，似乎不很和好；不久，他又發現太太「一枝紅杏出牆去」了！到了這時候，他才猛然記起，出國前幾天，劉小姐曾給他看的信，好像有說過「命中兩妻一妾，並有不貞之事」的話，于是他對中國的算命，五體投地了。他只好暗中自怨命，也只好明中且安命了！

後來章君爲了避免在美國做龜公的痛苦，就打算囘國任事。不久，他就囘到上海任大學的經濟學和財政學的教授。這位美國太太本來不肯跟他囘來，而章君認爲帶一個美國太太回國是一種體面之事，同時他倒也頗喜歡她，心想，把她帶回到中國，這外國的紅杏，就可免「出牆」之事。于是他就把她帶回來了，起初也彼此相安無事。

事情又是發生得太奇妙了！二次世界大戰爆發後，上海各大學都停辦，章君不久就在汪精衛政府裏做事，主管上海一個財政機關，連公帶私，進賬很好。那時有錢有勢，在上海要找女人當然太容易了。當時他很想找一個所謂「良家閨女」爲妻，不久，果然也找到了。但是，兩人還沒有議婚先開快車，女孩子的肚子先大起來。這樣一來，這個良家閨女，原不願做妾的，自作自受，也不得不做妾了。

在娶妾的時候，章君會在上海問過算命的，以後家庭還會有什麽不如意之事沒有？算命的說他：「兩年之後，妻離妾走。」當時他不相信，因爲依他與汪政權的關係，兩年之後的地位不至有變動。

但是，事實上如何呢？抗戰勝利，日軍投降，章君被捕下獄；美國的太太帶了他的動產回美國去，而那位良家閨女的妾侍，也不知道到那裏去了！命運之事，其所以能使人不能不信者，就是有此奇奇怪怪的事實，一個博士竟然當了三任龜公，誰說不是命定的而是自願的！

十二　女人朱砂乳　必定生貴子

有人說中國歷史上有名的「獻妾送子，接替皇嗣」的故事，乃由于那女人有生貴子的命相，與那男人無關，這說法也很有理由。因爲呂不韋娶了邯鄲姬，有孕之後獻給秦國莊襄王而生秦始皇；同樣情形，春申君娶了李園之妹，得胎之後進給楚國考烈王而生楚幽王；然而，呂不韋和春申君雖然替皇帝生了太子；可知那貴子不是他自己的種子，而是那受孕的女人的種子無疑，當然，夫妻既係兩人，其命相自有貴賤的不同。

大體上言，夫妻大都是相配的，貴賤應是同命；如果貴賤不同命，就不能順遂的生男養女，和諧到老。

即就呂不韋和春申君兩人來說，他兩人雖然都貴爲一國宰相，但邯鄲姬女與李園之妹。其命相之貴不止一品夫人，有王妃國母之尊，所以得孕之後就要分離，而且後來春申君就因爲此事被李園所殺，而呂不韋也因爲此事飲下毒酒自盡。這更可證明男女命相不合的不能爲夫妻的事實。

據說，古人之所以常在姬妾身上生貴子，其理由就是能藉相術娶得貴相的女子。就八字五行的命理上原來也可以貴命的女子的；但因命理乃唐朝才發明，唐朝以前以古代只有相術，所以要選擇貴女爲妻，冀其能生貴子，就只有藉看相去選擇了。

自古婚姻之事都要經過「相親」；這相親之舉，就等于就是看相；依通俗的相術，只求品貌的端莊而已，而進一步就是要看貴賤的格局了。

本來從八字上也同樣可以看出貴賤的；但因八字可以假，相貌不能假，所以看人的貴賤，看命不如看相來得可靠。

因此有人說女人生貴子之相，雖然在面貌上也可以看得出，但面相看貴賤與貞淫等容易，看生貴子頗難；而生貴子的相，主要則在于乳頭的形狀與顏色。

大體上說，能生貴子的女人，其乳頭一定小而不大，有如小櫻桃而其顏色則是紅如朱砂，這樣的旣是貴相，則相反的乳頭粗大而顏色汚黑的，便是賤相，生其賤子了。因爲要先能看到乳頭，再論聘娶，所以只有向妓女中去選擇了。

所以像呂不韋之娶邯鄲姬女，像春申君之納舍人李園之妹，都是因爲先看到她們的乳頭，因欲生貴子而娶她，這很可能是事實。

十三　貴夫人爲娼　暗中有破相

清帝光緒末年，北京八大胡同有一個名妓叫做杏春的，如果不知道她是一個妓女，從面貌和體態上看去，誰都要把她看做一個貴夫人。因爲她生得既美艷又端莊，無論談吐坐臥行走，均無不雅粗俗，更無妖冶淫賤之處，但是他明明是一個妓女，只是當時紅極一時的名妓而已。

北京的八大胡同，是上等妓院的所在，出入多是達官貴人，富賈殷商，其中當然也少不了風流文士，江湖遊客。

本來，在京兆所在一個名妓，只要一紅，不久就要被娶，一變而爲富貴人家的姬妾的。只有杏春紅了兩年，竟然還沒有人娶她。

這情形，不特她自己莫名其妙，許多知道杏春艷名的人也都莫明其土地堂。

有一天，熟客中有個山西富商姓賀的，有意娶她爲妾。取贖身價以及堂費等等當然都不成問題。而賀某所考慮的並不是要她生孩子，正相反的，是希望她不會生孩子，最少五七年之內不要生孩子，原因是賀某已有了一妻兩妾，各有兒女三五人，不希望再有兒女；更自私的，認定女子一生了孩子就不美了，他要她保持艷麗若干年。

但是，別的事他自己都曉着，惟有杏春嫁後是否不生孩子，自己是不曉得看的，本來女子的命在八字上也可以看得準的；但因杏春是自幼賣身的，八字靠不住，算命先生認爲她的生日時辰都不對，於是賀某只好去借重看相了。

有一天賀某就托人介紹一個儒家看相的莫先生，請酒的時候就叫杏春來陪座，請莫先生看看杏春的相貌，是否今年可從良，之後是否就會生孩子，或者永不會生子。這些問題在看相先生目中毫無難處，只要幾分鐘一看就可以解決的，宴會之後莫先生就對賀某說：「杏春不可娶；因爲她永不會生孩子。」

莫先生不知賀某的心意，以爲娶妾的人大都是要生孩子，所以勸他不要娶杏春。那知這永不生孩子，正合賀某的下懷，他聞言滿心歡喜，定意要娶杏春。

於是他就問定，除了不生孩子之外，還有什麽不好的沒有。莫先生說，依杏春表面的相貌看，她應是三品以上的貴夫人，何以竟淪爲娼妓，這還沒有看出道理來；所以依她的現有相格論，應是嫁於貴人，而不是嫁於富商。

這來一來，賀某不能不懇托莫先生再細心觀察，希望能夠早些發現杏春之所以淪爲娼妓的相理，然後決定自己是否可以娶她。但是，經過莫先生和杏春談話了好幾次，都不能看出杏春有何「破相」。因依相理來論，像杏春這樣尊貴的相貌，只有重大的破相，才能使她從貴格變爲賤格，如果有重大的破相，不至於看不出來，既看不出來，就不應該有此大變格。因此爲當時莫先生對杏春相貌問題頗爲棘手。

有一次莫先生又與杏春單獨談話；莫先生就把她的貴相應有三品夫人之尊，但不知有何破相，致爲青樓中人之事告訴她。杏春就說，她幼時就因爲算命的說她將來是青樓中人，所以父親在世那年她只有八歲，就被母賣給別人做養女；後來又被轉賣給現在這位鴇母。鴇母也把她算過命，問問是否一顆搖錢樹，算命的說她將來長大「美而無子，艷而多夫。」於是鴇母就把她認爲義女，也很愛護她了。但因怕命中有此「美而無子，艷而多夫」的毛病，將來不易嫁人，所以現在的命紙，是把生日寫後一天的。

那天莫先生有意和杏春長談，希望能有機會發現她的破相秘密，但由中午到傍晚才走，還沒有什麽發現。

離開妓院後，莫先生忽然想起，今天下午和杏春談話半天，他自己是個快五十歲的人了，還沒有小便過，而杏春今年才十九歲，竟然如厠兩三次，因爲當時是夏天，是多汗少水的季節，而杏春這樣如厠頻數，可能是暗中「洩氣」了的。

於是當天晚上，莫先生就趁着杏春出局的機會，去院中找和杏春同房的郁春，問她今天杏春是否有拉肚病。郁春說沒有。莫先生便乘機問，那末杏春爲什麽今天下午和他談話時要如厠兩三次呢？郁春笑笑地不肯說，後來莫先生直把要看看杏春有無破相事告訴了她。郁春才愕然有所悟地驚奇的說：「破相？哎喲，杏春恐怕是破相了的！」

「你知道她有何破相？」莫先生追問着。

郁春說：「我不曉得她有無破相，但我知道她是有一種毛病。」她說了半路又不說下去。

「有什麽毛病，說吧，我也許會醫她的毛病。」莫先生又說：「她是不是小便頻數的毛病？這病中西醫都很容易醫的，她爲何不去醫呢？」

郁春回答說：「醫過了，醫生說不是病，是一種習慣性的，不用醫。」

她停了一下又說：「不過，我所說的杏春怕是破相了的，不是只小便頻數，而是……」她又不說了。

「而是什麽？」莫先生追問：「總不外大小便上的毛病，有什麽好說呢？」

說到這裏莫先生突然記起從前跟他的老師學看相時，有一天曾聽過關於女人洩氣的破相事，最嚴重的有兩種：一種是當房事時放腸風；一種是上廁時大小便一起排洩。

於是他對郁春說：「杏春如果有破相的話，不外兩方面。一方面是身體上有毛病，一方面是大小便排洩不正常，但不知杏春是那一方面。」

「這兩方面，到底那一種比較是嚴重的？」郁春這話等於表示杏春的毛病不外這兩方面了。

莫先生笑笑說：「當然身上的缺陷是比較嚴重的，因爲那是先天的缺陷，沒有辦法補救的；如果是大小便排洩不正常，可能把它糾正的。」

郁春聽到這裏，不禁喜形於色地問道：「眞的嗎？難道這種破相是可以把它改相的嗎？」

接着郁春就說杏春的毛病屬於大小便排洩不正常，就是每天最少要大便三次，而且是大小便一起下來，不分先後。

「啊！杏春的破相在此了！」莫先生欣喜地終於發現了杏春的暗中破相的所在了。

於是莫先生就向郁春處問到杏春的眞正八字和「破身」的年月日；因爲莫先生不特精於看相，也能看命，準替杏春查查八字上有何毛病。想對她的外相高貴，內相破相問題，作爲一個澈底研究。莫先生回去把杏春的八字一排，看出了她這破相倒不是「命根」上的缺陷，而祇是「行運」上的毛病。而且奇怪的，從八字上看，她今年正入好運，而兩年之後也才能得意地嫁給一個貴人做塡房。

於是莫先生有一天就把此種破相之事直告杏春，同時教她從今以後，上厠時不可心急，慢慢使大小便先後排洩。一面他也把此種情形告訴賀某，說杏春命定的要兩年之後才能嫁人，而且改相不一定可以成功，勸他不要娶她。

果然杏春聽了莫先生的話，約過一年多的時間，才把她大小便分開排洩。

更奇怪的，足了兩年，杏春眞的嫁給一個三品京官周某爲塡房。當時關于杏春改相之事，曾哄動一時。

十四　戀愛不成命中有人奪愛

我有一個同鄉陳文濤是上海同濟醫科大學畢業，在上海業醫也很有名。因爲他的大哥是我的好友，所以我平日就叫他陳小弟，大概讀醫學也和其他讀科學的人一樣，都是反對命運的死硬派。很可能做醫生的人不特思想上不相信命運，爲了自己的職業，不應該相信命運；因爲如果人家都相信命運，那麽，什麽病痛死亡都是命中註定的，就不必去求醫服藥了，天下的醫生豈不要餓得半死半活嗎？

奇怪的有一事，陳文濤有一天跑來看我，一百八十度的大轉彎，竟然爲了相信命運之事，初來時，我萬想不到他竟然爲了算命之事來找我。我們家常的話說過之後，他表情不大自然地對我說：「聽大嫂說，你這裏已經有了我的八字，今天我要你給我算算命了！」

接着他又有些怕羞地說：「你看我的命，到底幾時可以結婚？」

因爲陳文濤今年已經三十二歲，由大學畢業前一年起就開始交女朋友，一直到現在還沒有結婚，所以一說到婚姻問題，不免有些怕羞似的。

我就問他爲什麽突然轉變態度，而肯相信命運呢？他說，由大學畢業的前一年，他第一次交女朋友時，他的大嫂就告訴他不要交那位馬小姐，因爲馬小姐太漂亮，恐怕有別的男子向她追求。後來果然馬小姐移情別戀去了。

第二年就是畢業那年，又結交了田小姐，滿以爲田小姐遠不如馬小姐漂亮，也比馬小姐老實，想不致有變化。

那知快到畢業考試的時候，因爲他忙於準備考試，只有一個多月沒去找田小姐，而田小姐竟然也別戀一個男子，並且沒有好久就結婚了。

從那時候起，因爲他大學畢了業，快要出來當醫生，需要結婚，很急找對象；這兩年來，又交了三個小姐，花去精神、時間和金錢也不少；但到了最近，又發現最後的一位葛小姐又要跟別人去了。

前天他把此事告訴大嫂時，大嫂說他命中有人和他奪愛，如果不到三十四歲不宜結婚，否則他的太太也會偸人甚至跟別人跑走的。

他問大嫂，何以知道他命中有此不好？大嫂告訴他，當他第一次交馬小姐時，大嫂曾請我替他算過八字，我曾預言馬小姐不成功；而且說，在他三十四歲以前，任他交結幾個女朋友，都不會成功，都會半路被人搶去，因爲他命中有毛病。

陳文濤原是百分之一百反對這命運之事的；他認爲男女戀愛和結婚是本人可以自由決定的事，父母都管不了，而命運偏能支配，豈有此理？當大嫂告訴他的命中有毛病時，他滿口反對，他說過去戀愛之所以不成功，都是由於自己沒有時間去緊釘她們，否則早就結婚生孩子了的。

大嫂就問他：「你還記得否，當你和馬小姐談戀愛時，我曾說過不要交馬小姐，因爲她太漂亮，恐怕有別人追求她？」他說記得的。

大嫂又問他：「你記得當時曾說過什麽話沒有？」

他說也記得的，曾說過：「難道我的男性美，不夠配上她？又難道我在男子中太不夠水準嗎？」

他說當時他很氣大嫂所說的話，好像我不該向漂亮的女子求愛的；難道一個男子應當向醜陋的女子求愛不成？

當時大嫂所對他說的話，大嫂此時才對他申明，說是當時因我看了他的八字之後，會對大嫂說，要設法勸他不要交太美麗的女朋友；因爲他總是交不成的，將來不太漂亮的女朋友跑掉，就不致於太傷心，所以她才敢那樣勸他，並不是看他不夠男性美，不夠配馬小姐的意思。

此時他才記起他每次交女朋友，都很專心一意地希望能成功，所以從來沒有同時結交兩個女朋友；同時也因爲自己認爲是一個夠男性美的青年，而且在同濟大學讀書，當時在上海也算夠條件的。

然而，事實上偏是一個又一個地失敗了的；這就不能不使他發出疑問：這到底是怎麽一回事呢？因爲每次談戀愛，大嫂都知道；每次戀愛失敗，大嫂雖然也都勸慰他，却似乎不太關心他的婚事，所以當天把此事告訴大嫂，而大嫂說到「命中有毛病」時，他起初仍不信；後來大嫂把從前我替他的八字給他一看，他就不能不驚奇，所以今天才來找我。

他看了我批的八字何以會驚奇呢？因爲他不願告人的，同時也是任何人都不知道的事，我却早在四年前都已批定了的。

到底他的八字怎麽批語呢？我竟然這樣批道：「命中殺入妻宮而又多合，在卅四歲以前，有人奪愛，幾度戀愛失敗。而且，禍起蕭牆，變生肘腋；奪愛情敵，竟係相知之人！」

原來陳文濤過去交過五個女朋友，個個都是被他的朋友搶去的。這事他一向不曾告人，而命紙上却已如此批定了的。

因爲陳文濤過去四年，有此事實證明我所批的命靈驗了，所以他今天特地來找我，問我到底他幾時可以結婚？因爲他今年已經三十二歲，說時好像不能等到三十四歲的樣子。我雖然批過他的八字，也只能記得大體，我就把他的八字底本找來，我把它細看了一下，就搖頭對他說：「你非等到三十四歲的下半年，切不可結婚，否則會鬧桃色新聞的。」

「那末，就等於說，在這兩年中，我連女朋友都不能交了！」

陳文濤當然也和一切初初失戀的男子一樣，似乎急於找一個女朋友來塡補心靈的空虛，所以他又解釋說：「我一向交女朋友，都是眞心盡意地想結婚，旣然要等到三十四歲才能結婚的話，就用不着再交女朋友了。」

「依你的八字看，你若想三十四歲那年結婚可以成功的話，還不能完全自由戀愛，最好由人介紹之後，你自己過過眼，先訂婚，後談愛；同時由訂婚到結婚，不要超過半年，換句話就是說，你要在三十四歲的夏秋時候訂婚，冬季結婚最爲適宜。千萬不可再學過去一樣，無期限的大談戀愛，你自由，她也自由，最後她又會自由地跑走了的！」

陳文濤對我所說的還是半信半疑；因爲他說：「現在像我們這種人，眞的還要憑媒說親不成？」

我看他大概由於過去四年交過了五個女朋友，而又受了五次的失敗打擊，心裏難免有些變態，所以，雖然心中也願意等到三十四歲才結婚，但交女朋友似乎急不及待的樣子。

於是我就對他說，照他的八字看，明年三十三歲一年之中，很可能還有一次愛人被奪的晦氣；如果能聽我的話相信命運，不再交結女朋友，這晦氣可能化爲別的小破財；若是一定要交女朋友，那末，第六次戀愛失敗，恐怕是難免的。

這次談話之後不到兩月，陳文濤那位第五個女朋女就和別人舉行結婚了。有一個陳文濤同濟先後同學孫濟美醫生，知道陳文濤多次戀愛失敗，大表同情，就把自己的小姨羅小姐介紹給他，羅小姐也的確是一個賢妻良母型的女子，陳文濤也覺得很滿意，就姓格上說，羅小姐比以前五位都嫻靜而篤厚，孫濟美醫生夫婦兩人也都一意想促成此事，尤其羅小姐的姊姊孫醫生太太，隨時勸阻自己的妹妹結交其他的男朋友。

羅小姐和陳文濤開始做朋友，是陳文濤三十三歲春天的事。兩人由普通友誼進入戀愛，是三個月之後夏末之際。有一天陳文濤又來找我，把他近來和羅小姐的情形告訴我，語間好像對此次戀愛的成功頗有信心；主要的問題是羅小姐並不結交其他男朋友，變卦之事自然可免過半。事先，我也從陳文濤的大嫂處，聽過關于孫濟美醫生夫婦兩人對這對男女的熱心，大有促成的可能。

但我依陳文濤的八字看，曾背後對他大嫂說過：「依現在的情形看，這次他倆的戀愛似無變卦的可能；但依陳文濤的八字看，今年和過去四年同樣晦氣，並無兩樣，而所愛被奪似亦難免。」

不過，那天我不敢對陳文濤也這樣明說，我只安慰他說，依他的八字看，今年以及明年春天，還不是結婚之年，也許羅小姐喜神重，明年春天結婚也有可能。但依陳文濤自己的計劃，目前和羅小姐剛剛進入戀愛階段，結婚之事當然言之過早，預期再過三五個月，便可到達成熟階段，到那時，突然宣佈結婚，想來羅小姐不致拒絕的。我聽了只好笑笑地對他說，現在預祝他成功，希望年關前能吃他們喜酒。

事情實在出了我們意料之外，孫濟美醫生太太就是羅小姐的姊姊，結婚後一年一個連生了四個孩子，兩女兩男，那年秋天又分娩了。不幸得很，大約是「破傷風」吧，分娩之後，不久，因救治不及就去世了。羅小姐是上海同德女子醫學校看護科畢業的，在情理上，她就須到姊夫家中，去看護由最大五歲到最小的剛剛出生的外甥。

在此種兼理五個小孩的看護，以及孫醫生的家務繁忙的工作中，當然陳文濤無法也不好意思請羅小姐出來談情說愛的，這當然也是情理之常。

但，千離奇、萬離奇的是，兩個月之後，孫濟美醫生托一個和陳文濤同班的好友，對陳文濤表示嫌意說：「羅小姐因姊妹手足情重，不忍看見五個外甥痛失親娘，淪為無母之兒；所以願意接替她的姊姊，嫁給孫濟美醫生為塡房，已經決定兩星期後舉行婚禮，希望陳文濤能夠為他倆的婚姻美滿而割愛。」

好在陳文濤事前曾聽過我對他說的，在三十四歲以前結婚不成的命理，同時自己也經過了五次的戀愛失敗經驗，所以當聽到這消息，還能勉强作一個冷笑。

十五　少年發達額上有相看

一九三二年秋天，在南京烏衣巷一個姓翁的朋友家中，飲他的第三個男孩誕生的滿月酒，席間有人介紹我爲一個人看看氣色，說是此君要想到西北去帮他的親戚做生意。介紹人告訴我說此君姓婁，山西人。

我當時很奇怪，因爲當時我剛到南京沒有幾天，不特這位婁君素未謀面，連那個介紹人，我也不相識的。

於是我就說：「我不會看相的，你們怎麽要我看呢？」

那位介紹人就說：「因爲，前兩天在新街口路上看見你和張將軍說話，昨天張將軍說你看相看得很好，所以今天敢如此冒昧爲婁君介紹，因爲他去不去西北還在舉棋不定，希望你能給他一個指示。」

於是我只好給婁君看一看了。我一看，就給我看出這位介紹人說的話是試探性，他要試試我的工夫；因爲我從婁君的氣色上，看不出他有想到西北去而舉棋不定的事。

我明明看出他是剛從南方來，又要囘到南方去的，因而我就問介紹人貴姓。他說答姓秦。

我看了他幾眼，就說：「秦先生，我看你這位朋友婁先生，不特沒有打算到西北去；相反的，而且必定不久就要囘到東南去的。更有一事，他不是商場上人，他是個少年發達的軍人，大約十數年前，二十二歲時就可能當起營長，甚至是團長的。同時，你自己也是一個少年發達的人，不過你和他不同，你是靠你的父親福蔭，而他則係完全靠自己平地起高樓的！」

「哎喲，看相先生，你怎麽會看得這樣準呀！」秦君說：「可以不可以說點給我聽聽看？」

「說一點給你聽聽是不成問題的；」我說：「不過，我要你先告訴我，你的父親是否由民軍（土匪）收編的？你是否二十一歲時候就當了那民軍的團長或旅長？」

秦君聽了雖然臉上一紅，却很虛心而誠實地答道：「是，一點不錯！」

接着我又問：「是你自己最近要到西北去嗎？」

他笑了，點點頭，而向我表示嫌意。於是我就指着婁君的額上對他解釋說：「一個人，由十六歲起到三十歲以前，都在額上行運。額平坦廣濶的少年必佳；反之，低狹而不平的，必然顛沛流連，諸多波折災難。這是一般相額的原則。至於少年發達問題，則於這平坦廣濶中另有所表現，那是屬於更高一級的貴格。」

說到這裏，我就指婁君的前額當中叫做「天庭」的對秦君解釋說：「這地方平坦直上，而兩旁隱見額角崢嶸，這是男子武貴之相；天庭愈平坦直上，兩額越崢嶸越好，若是文貴，就要參看兩眉之間的『印堂』，和兩額之旁的『天倉』了。」說了就順手拿了一隻鏡子遞給秦君，叫他自己看看。

秦君接過鏡子，自己照照，又看看婁君，覺得自己的天庭和額角確然和婁是同一形狀；又看看在座諸君果然他們大都不是這樣，而他們也眞的都不是軍人出身。

於是他又用驚疑的口吻問道：「那末，我的額型既和婁君同樣，而我們兩人也果然都是二十一二歲就出仕了，何以婁君二十二歲只是營長暫兼團長職務，而我二十一歲偏是一個旅長呢？」

我就解釋說：「這情形雖然差不多，其中却也有道理。依我就你兩人的相看，你是二十一歲的下半年才當旅長，而婁君則是二十二的上半年當營長，相差不過幾個月。婁君是國家的正式軍隊，而你當時只是非正式隊伍的民軍而已。」（後來一查，秦君當時的民軍旅長，乃虛張聲勢，希圖政府把它收編的，所以一旅的人數還少於婁君一營的人數。這是民國十八九年時，各地民軍普遍的情形。）

最後秦君又要追問一個問題。他說，他與婁君兩人既然相貌和事實都差不多，何以我剛才說婁君是靠自己平地起高樓，而他偏要靠父親呢？我就笑對他說，看相的只是知其秘訣而已，不知的以爲這是何等奇怪的事，研究過相術的，一說了，就沒有什麽的奇特。我就指「天倉」部位對他說：「這地方豐滿，就是有父母等先人的福蔭；這裏不豐滿，便是要靠自己打天下了。你的天倉比婁君豐滿，所以我就說你是靠父母的福蔭，而婁君就非靠自己不可。」說到這裏，秦君似已心滿意足，他似乎對於自己多了一個「天倉滿」引爲得意。同時也把婁君上月因「閩變」來京，不久又要回到福建去的告訴我，過了一會，婁君偸偸地細聲問道：「齊先生，秦先生既然因天倉滿得到他父親的福蔭，你何以又看出他父親當時是民軍，而不是正式隊伍呢？」

我笑對他說：「一個人祖先和父母的貴賤惡善，以及其後果如何，也都可從天倉，天庭和髮際壓額的情形看得出的。」

十六　一生平穩三停均勻

到家的看相先生，都以「平穩」相認爲「中上」貴格。理由是，人類至今還是「不得意事常八九」，一生之中，患難多於安樂，一生能夠一帆風順，平穩過日子，已是難得之事。就相貌來說，「三停」均勻便是平穩安樂的相局，而此相局，雖然非貴非奇，却在人相中也不太平常。

抗戰前有一次在南京西山路一個達官的公館裏小宴會，賓主一共有三桌人。席間有個在內政部做事的端木先生是能看相的，賓客中多半是熟人，平日都曾經他看過相的，除暑談一兩個氣色的變化外，那天倒沒有像一個看相館那麽熱鬧。後來主人有兩個剛從東北來的新朋友，看見端木先生能看相，就由主人介紹，請端木給他們看一看。

那兩位東北來的朋友，一個姓朱，一個姓平，兩人都是五十多歲的人了，但因生長在東北，體力甚健，看來像不到五十歲的人。大家在沒有看相之先，都聽見過這兩位東北朋友傾訴過關於民國之後東北時局變亂的情形，除軍閥張作霖統治起，迄至張作霖被害，奉軍內亂，以迄九一八事變，東北淪陷，眞是滄海桑田，世事幾翻新。

但是，當端木先生和他看相時，頭一句話却說：「這二十幾年來，雖然東北的局勢是那麼亂，但你兩位却一樣平安無事，一點沒有受到損害。」端木又繼續說：「我可以說，你們兩位在每次時局動亂中，不特沒有受到損害，而且多多少少，都有過意外的好處。」這一說，都把大家覺得奇怪了，而朱平兩位自然更愕然以微笑的歡容，一面驚異，一面承認端木所說的，完全是事實了。

接着端木先對那位姓平的說：「就是你，五十歲那年似乎曾經風險，但不過祇是一場虛驚而已，結果你本身也平安無事，可能你的家人有損失。」

接着他轉過臉對姓朱的說：「朱先生，你除二十五以前母先死，父後亡外，直到現在都一路風平浪靜，過着平穩順遂的生活，而你們兩人從今以後，也都是過着平穩的生活，天下太平，你們覺得平平無奇，但時局一動亂，你們反而有意外的好處。」

「這樣說來，他們兩人還是不要太平而要動亂了！」在座的就有人這樣說。

端木對這些話還沒有解答，便先問他們兩位說：「請你兩位想一想，我剛才所說的話對不對？」

「對，全對！」朱平兩位東北佬承認了端木所說的話。「五十歲那年我和我的三弟在瀋陽車站附近被日本兵流彈所擊，一個子彈打穿了我的毡帽；而我的三弟身中三彈，到醫院，第二天就因子彈在左腎裏，還未取出就死了。」姓平的就如此證實端木所說的話。

接着姓朱的也說：「我這一生平凡得很，一點也沒有可誇口的地方，平平常常，清淸淡淡的過日子。就是有兩三次碰到時局動亂，我們這沒有本領的人，都只有謹愼；而生意的意外進益，却都是自己想不到的，眞的怪像端木先生所說的，碰着動亂才有好處，越是天下太平，越是平平淡淡。」接着他就問：「端木先生，這在相上，到底是什麽的道理？」

這時候，有一位外交部亞洲司一等科員侯君，他正請端木教他看相已經有一年多了，乘此機會就請端木教導教導。

於是端木就說，這是關係「三停」均匀；凡是三停均匀的人，必定是一生有平安福的人。所謂三停，就是從額上髮際至眉，爲「上停」，主少年至三十歲以前的行運；由兩眉至鼻頭，爲「中停」，主由三十一歲至五十歲的運途；由鼻下口上的「人中」，至下頷爲「下停」，主由五十一歲至晚年的命運。這三停，多數人不太均勻，或上停長，或中停長，或兩長一短，或兩短一長，不一定。因此就造成少年、中年和晚年的運途的好壞起落，有的一好一壞，一起一落，相差非常重大；如果三停能夠均勻，那末一生就沒有太好太壞的境遇，一生就得平平穩穩地過順遂的日子了。

由於三停均勻乃平穩的相，所以在太平盛世，便更顯得平平無奇；但一遇到時局變亂，平穩就是好；未得平穩相的人，就先受到壞影響；然而社會秩序一紊亂，受害的雖多，壞中當然也有好的；其最好的，固然要被那有好相的人得去；而次好的，却是輪到平穩相的人身上了。

所以凡是三停均勻平穩的人，一遇到世局動亂，不用去奔走，只要照常謹守，意外的好處，自然而然的會輪轉到他身上的。

不過，所謂三停長短，南方人和北方人有個基本的不同處，就是北方人的上停大都稍短，下停偏是稍厚；而南人的中停大都稍長，下停稍短，所以看相時對於南方生長或北方生長的人需要先問明白，然後加以參酌，不宜遽下判斷的。

十七　性情是根基養性可改相

全國聞名的看相泰斗北京老釣金鰲，替人初次看相都只先斷格局，關於一生大事大都寥寥數語，把前運大事說一二點，證實他的言無虛發；再把後運說一二事，指示你的前程目標。就是僅此而已，看相的客人，也大都覺得滿意。他與家母舅鄭先生是同道不同業，家母舅也精於相術，但在政府中任事，並不掛牌看相，因此兩人過從甚密，既無同行相妬之事，又可互相研摩，所以彼此常相得。

他替人斷格局，分上中下三品，每品又分上中下三格，因此，他把人相的格局分爲三品九格，也就是從一品以下至於九品了。

由是當時北京人就把他綽號爲無冕皇上，因爲從前的官階，也正是從一品遞降至九品。人家到他那裏看相，他第一句話就是斷說你的相格；上格、中格或是下格。不說上品中品下品，爲的要避免「萬般皆下品，惟有讀書高」的老話；因爲他之所謂上品，並是不單指「貴」說，也兼指「富」與「壽」，而更重要的也包含「人品」的。

所謂人品，也就是「性情」。據他的經驗，人相的富貴壽三者，都受性情的影響，也可以說性情是人相的根基，性情篤厚的，根基堅固，富貴壽三者，就得高度的煥發榮華；性情輕薄的，雖有上好的富貴長壽相格，也會被影響打了很大的折扣。所以他的斷相，以「中庸」性情的爲「中上」格，即中品的上格，在九品中列第四品。

據家母舅和他們的好友精於此道的，共同研究以及依據老鈞金鰲的經驗，都說所謂「相由心生，相由心改」，就是像鈞金鰲所說的情形，性情好壞可能把原有的相局影響而起多少的變化。

但除了行大善或作大惡之外，不至於有像似傳說中的唐朝宰相裴度那樣，由原有的「當餓死路上」的惡相，因行善救人，而變爲「前程無量」的貴相。

不過，依老經驗的看相先生都說，性情確係人相的根基，若不知善察性情，只徒善觀氣色的，不算是上等的相術；因爲形象和氣色等都只是外表，是一時的，能變的。

因此，惡相或惡運的人，若能接納養性可以改相的道理而進行「深居簡出」、「韜光養晦」或是「爲善積德」、「修身進德」的話，的的確確可以把惡相改爲善相的。當然，如果行爲相反的，也可以把善相變爲惡相了。

十八　無妄之災教授莫名其妙

上海震旦大學的工學院和醫學院是國內很有名的。我有個親戚程開明在震旦大學工學院畢業後留學法國，先在日本慶應大學當教授三年，又回來上海母校任教授。

震旦工學院有個法國人的教授名叫卡馬的，是中國出生的天主教徒，不特會說上海話，也能念中國詩。他對於中國之事知道得很多，卡馬不特是一個工學學者，同時也是語言學家，他能說好幾種語言。他青年時曾回法國攻讀拉丁文，所以在上海某大學中也担任教授一些拉丁文課程。程開明和卡馬很要好；因爲他們兩人對於語言學也是同志。

卡馬原由程開明的介紹，準備過四年震旦聘約完滿後，到日本慶應去當教授的；因而他又想學日本語。程開明在震旦讀書時就學好日語，後來在日本教書，當然日語說得更好了，卡馬就想請程開明教他日語。而程開明也想利用此機會叫卡馬教他拉丁文，於是兩人就實行交換教授。

有一天兩人講到「無妄之災」這句話時，從語源去研究，發現中國文和拉丁文都有迷信的意味。中國的「無妄之災」乃出於易經，是一個卦名，說明「無故得咎」的意思。日本的語文乃中國語文的變體，所以也以易經爲根據。因爲「無妄之災」這一辭，引起了卡馬對中國五行命理之學有興趣，要程開明爲他介紹一個能教他粗知中國五行之學的先生；他認爲這眞正是代表東方文化的一種學問。

程開明本來想把卡馬介紹做我的學生，而我當時却因養病無力及此；卡馬又急不能待；我就把他介紹給我的朋友黃先生。因爲卡馬在上海出生的，黃先生乘此機會要算外國人的命，就查好了卡馬的正確八字，爲他算了一下。

黃先生把卡馬過去好幾件重要的事，諸如父母去世的年月，結婚和生孩子的年齡等等，卡馬聞言大爲驚奇，認爲這眞是一種「神術」，讚嘆不已。於是卡馬就再問後運如何？又問以後有無類似「無妄之災」之事作個實例。

因此黃先生就依他的八字說了兩件事是近在目前，說他過了兩個月，交入秋天，將有兩次「無妄之災」，而且情形頗嚴重。

第二件事，說他準備四年後去日本教書之事，不特將成泡影，而且那時將有牢獄之災。

卡馬對黃先生如此推斷，却是半信半疑。信的是，黃先生既把他過去絕無人知道而且自己也不留意之事，諸如父母去世的年月，生孩子的年齡之類，既然算準了，那末後運當亦能推斷的；但說他四年後去日本教書之事會成泡影，同時還有牢獄之災，那就不相信。因爲日本慶應大學已和他預約了，沒有理由成泡影的。

同時，如果那時要生病或死亡，倒不敢說；說他要有牢獄之災，那就不可想像了；因爲卡馬自信他一生不至有牢獄之災的。

那時他難免和黃先生有些爭辯，黃先生就對他說，關於四年之事，現在暫且不談，近在兩個月後之事，可把它作爲根據：如果入秋之後眞有兩次「無妄之災」，那所推斷四年之後的事，你不信也要信；如果入秋後仍然平安無事，那八字就看錯了，四年後之事當然也靠不住了。

過了兩個月，你想卡馬在上海發生了什麼事呢？那年就是「八一三」事變發生之年，有一天下午，卡馬由上海法租界震旦大學，自駕私人汽車出來要到英租界去，剛剛路過愛多西路英法交界之處，即上海最大娛樂場的「大世界」門口時，中國飛機去炸日本出雲艦，被艦上高射砲擊中，飛機經過大世界上空，一個五百磅的炸彈脫架，落在大世界門口的馬路當中，造成死傷數百人的大慘案。而卡馬當時雖然沒被炸死，汽車中了彈片，手面也被玻璃碎片所傷流血了。

「無妄之災」！卡馬駕着負傷的汽車到醫院敷藥出來時，心中對黃先生的算命，暗嘆一聲，五體投地了！

第三天，程開明跑去看黃先生，也順請黃先生替他算算命，看看有無像卡馬同樣的「無妄之災」。程開明對黃先生明言，他本來絕對不相信命運之事的；但前天卡馬之事發生了，使他不能不相信其中確有一些道理了。

黃先生把他的八字一算，奇怪的，程開明的流年竟和卡馬差不多，說他近十日內就有一個小晦氣之事，大概是小破財。（過幾天果然被扒手竊去五十多元），又說他和卡馬同一月裏，也有一個「無妄之災」。

當時因爲上海「八一三」戰爭已爆發，他們雖然都住在租界裏，由於飛機與高射砲的關係，心中多小都有所不安，就問這無妄之災有沒有像前天卡馬那麽嚴重，身體也要受傷出血嗎？

「身體很可能要受傷出血，不過也像卡馬前天一樣，沒有什麽大關係的。」黃先生又這樣安慰程開明：「不一定都像卡馬那樣被炸彈炸傷，或者自己跌倒，或者在路上被人碰傷，總之，在這一月裏，無妄之災是難免的，自己謹慎一點的，便可以大事化小事的。」

程開明問：「若是十分謹慎的話，可以不可以從大事化爲小事，再而小事化爲無事呢？」

黃先生回答說：「因爲一個人不可能謹慎到與人物絕對隔離不接觸，你謹慎而他人不謹慎；你不玩物，而它偏能傷人；所以，大事化小事可能，而再小事化無事却是不可能，多多少少在那個月裏，總有些晦氣之事的。」

上海「八一三」事變爆發不久，驚動全國的就是閘北「四行倉庫」我軍孤軍抗戰之事。因爲四行倉庫的後面就是英國租界，所以每日隨時都有成千成萬的同胞到那裏慰勞孤軍，團體贈送慰勞品，個人同仇敵愾揮熱淚，上海五百萬人口，成年的男女，過半數會到那裡望望四行倉庫屋頂隨風飄動的國旗的。

有一天，卡馬自駕汽車和程開明兩人也去四行倉庫。因爲人衆，汽車就停在很遠的地方，兩人並肩走到望得見四行倉的地方，就站在路邊談論戰事，程開明和卡馬兩人正在交換學習日語與拉丁文，他們兩人相約，平時兩人相見，卡馬對程開明說話儘量用拉丁文，而程開明則儘用日本語。他們兩人就在馬路邊大談其拉丁文和日本話。

有一件事湊巧的很，程開明的體型和面龐頗像日本人，又曾在日本教過書，神氣也更像日本人了，因而引起路人的注意。

後來又被路人發覺他滿口是說日本話，於是被誤認爲日本仔利用西人來做間諜，突然有人喊一聲「打日本仔」！拳脚交加，程開明和卡馬兩人都被打倒地上了。好在英國巡邏車剛剛過路，才把他倆救起；但已被打得頭破血流了。「無妄之災！」兩個教授眞是所謂啼笑皆非。

這是卡馬第二次的無妄之災，黃先生算命完全應驗了。由於中日戰爭逐漸擴大，四年後一九四一年，太平洋戰爭爆發，日本兵佔領上海租界，所有西人都被關入集中營。卡馬全家搬進集中營後，想起了四年前黃先生的批命，說他「四年後日本教書之事不特成泡影，而且那時將有牢獄之災！」爲之大爲嘆服。

十九　神敗氣散無疾而終

有一年我得舅父從北京來信，說是他有一位精於看相的朋友要從漢口來上海，叫我好好招待他，也好向他多多請益。來信說明這位唐子龍先生精於「望神觀氣」，是陝西人，自幼跟家人在華山採藥爲業，結識了一個華山和尚法名本塵的。起初從他那裏學到「腎氣丸」的秘製，專門醫治「腎氣奔」惡疾的，據說他所製的腎氣丸，可把因腎氣奔而死亡的人，在死亡十二小時內都可以起死囘生的。

後來因爲他和本塵和尚做了好朋友，也拜和尚爲師傅，自己也吃長素，取名「子龍居士」，家人就在華山脚下的華蔭開設藥館，生意甚旺，爲着製藥的關係，就從本塵和尚處學到關於腎氣奔的病理；從腎氣奔的病理，就學到了「望神觀氣」的相術。

據說，這位唐子龍和別人看相大不相同；別人只在晝間看相，夜間就是有火也看得不好；而這位唐先生，却時常在黑裏替人望神觀氣。

我看見舅父來信如此說，滿心希望我能碰此機會，向唐先生學習一些關於望神觀氣相術，於是我把家裏騰出一間房間招待他。

過了幾天， 唐先生來了。因爲我知道他在上海只有十天時間就要動身到杭州、温州、南平和福州去的，所以他到滬的第二天，我就向他請求，看舅父和他的交情上面，指教我一些關於望神觀氣的相術。

他笑了笑，對我說：「你如果在我這九天居住上海期內，能夠碰到機會，我就可以給你看到望神觀氣是什麽一回事；如果碰不到機會，連看到什麽一回事都沒辦法，要在這短短幾天中學些什麽是不可能的；不是我不肯教，而是這門工夫不太簡單。」

他又告訴我說，此門工夫，就是十分聰明的人，最少也要經過五年以上期間的苦練才能到家，絕非一般看相那麽容易學會的。於是，我只好儘可能陪他出門，希望能碰到機會。

大約是他住在我家的第五天，我帶他玩完租界上海之後，又帶他去玩華界上海，路過上海老西門時，我們站在一家店舖門口等車，車還沒有來，唐先生突然從背後輕輕拍我的臂膀，對我說：「你的運氣很好，今天給你碰到機會了。」

他向我耳邊細聲說：「隔壁有一間中國藥舖，櫃台裏面坐着一個中年人，你先過去偷偷地看一看他的氣色如何？」

我囘頭一看，就在我們的背後過兩間店面，有一間中藥舖。我一看，就說：「這間朋壽堂是老藥舖，裏面有個坐店中醫師姓黃的，我和他也很相熟；因爲前兩年我有個親戚住在這裏附近，生了一場傷寒症，那時我住在他家裏，天天請醫生，買藥都是我來的。」

「眞的嗎？那就更好了！」唐先生說：「你現在先看看那人的氣色，以後再說別的。」

那時候是下午二三點鐘的時候，藥店沒有什麽生意；那人坐在櫃台裏面閑着無事，因爲是夏天，還有兩位店員也閑站在那裏，我看了那人氣色之後囘來說：「神氣不足，不久將要生病的。」

「不久生病？」

唐先生說：「大約三小時之內，日落之前，就要無疾而終，嗚呼哉的！」

「無疾而終？」我奇怪了，這是一個好機會了，這到底怎麽看法呢？於是我急問：

「有辦法挽救嗎？」

唐先生說：「神已敗，氣已散，無法可救了！」

唐先生又說：「如果你和店中人很熟的話，可以帮他一點忙，叫店中人設法請他回家去，讓他和家人相見，死在家裏，也是做一件好事。」

此時我猛憶起那位坐店的黃醫師；但我向店中一望他不在那裏，我知道上午醫師坐店，下午這時候正是出診的時候。

於是我便走入店中，一面看看那中年人，一面向另一店員打聽說：「黃先生出診去嗎？幾時可以回來？」

奇怪，那中年人還清清楚楚的答說：「就在附近出診，馬上就要回來的！」

於是我行出店門口，就和唐先生在路旁等待黃醫師，我決定把此事告訴黃醫師，請他設法叫那人回家去。

果然，只有兩三分鐘，黃醫師迎面回來了。我就和唐先生迎過去。我把唐先生所說的情形告訴黃醫師，黃醫師初聽當然不相信；但因他與我相熟，既不懷疑我騙他，同時也不願意看見萬一那人死在店中；同時，好在那人就住在離店不遠的地方，要他回家是不難之事。

於是他就馬上僱了一部人力車，趕到那人家中，向那人家人說謊，說是有個客人要到他家裏看他，商量要事，要他囘家等待客人。

黃醫師去了，我爲着要向唐先生請教這難得的相例，就走近朋壽堂門口，請唐先生指教我如何看法。唐先生把大意和要點告訴我之後，我獨自走進店中，站在櫃面，假裝做等待黃醫師的樣子，偷偷地觀察那人的神氣。

雖然當時我聽到了唐先生教導我「望神觀氣」的要訣，但因我當時面對一個即將死亡的人看相，是平生第一遭，心裡難免緊張，而聚精匯神的工夫就不夠了。更重要的，我的觀氣眼力也未經苦練過，所以看了半天，只有一點點的新發現，還看不出所謂「神敗氣散」的大道理來。

一會，黃醫師囘來了。他一進店門就對那中年人看看，說：「老高，你覺得身上有什麽不舒服沒有？我看你面色不大好，來，讓我替你摸摸脈搏，看看是否中暑了的。」

「沒有中暑，」那人說：「我自己沒有覺得有什麽不舒服的。」

他一邊說一邊走到黃醫師桌前，黃醫師照樣替他按按脈息，也看看他舌苔，就說：「老高，你是中暑了的，趕快囘家去休息一下，等一會我叫人給你送藥來。」

老高莫名其妙，他自己覺得沒有病，看那樣子是不預備馬上回去的。

大約過了有半個鐘頭，老高家中派人來請老高，老高就回去了。此時黃醫師才告訴我，他剛才到老高家中，老高太太去街上購物沒有回來，他只好轉託鄰家轉言，說老高太太一回來，請他即速派人去請老高回家，一會有朋友來他家裡拜訪他有要事商量的。黃醫師又恐怕高太太沒有這樣早回家，所以在路上就想出這辦法，說他有病容，勸他回家休息。

老高走後，黃醫師就請我和唐先生到店中坐談。

「你剛才看他的脈搏，有何變化？」唐先生很客氣地對黃醫師說：「我只知望神觀氣，醫理我是外行的。」

「奇怪，」黃醫師驚異地說：「的確六脈不調，而且微弱得近於無息。」

於是唐先生就微笑說：「這樣看來，醫理和相理也是一致的，而我的看法就得到醫理的證明而無誤了！」

那時候我們彼此談得痛快，已快到五點半了，唐先生爲要證實他的看法無誤，就對黃醫師說：「我們無妨再等一會，派人去高先生家裡看看，恐怕你們店中同人要去帮忙了。」

「這樣看來，我們學醫，應當也要知道看相才好。」黃醫師說：「如果今天不是你們兩位告訴我，我們絕對看不出老高會有這樣的變故的。」

我們正在傾談間，老高的孩子正從街上狂奔進來，高叫喊道：「黃伯伯，快來，爹爹突然昏倒床上，手足冰冷人事不省了！」

二十　女人尅夫相聞聲已可辨

少時在北京，有一次隨家母舅到西直門大街宴會。舅父在北京政府部中做事，交遊頗廣。更以他精於相術，在當時官僚政治時代，這可算是交際上的一種好技巧，藉着看相可以結交很多有地位的人士。因此，不特北京幾個出名看相先生都和他有往來，一面是彼此研究相術，而另一面則是他們要舅父替他們介紹生意；還有政府機關裡的中級以下人員，也不少人請他指教相術，目的在於交際。

這樣一來，他的與人酬酢，眞可謂幾無虛日，而一天之內，有兩三家也還是平常之事。這在當時的北京，並不見得希奇。

然而，有一事却算是希奇；每一次他到那裡應酬，總有一桌人馬相隨在一起的。這一桌人曾被綽號爲「相人團」；因而舅父也就被綽號爲「鄭團長」了。誰也都知道，要請鄭某的，一定要預備一桌給他們相人團，當然他們無論與主人相識或不相識，也照樣送禮。

爲什麽有此種情形呢？因爲每次在宴會中，總難免有看相之事；因而他們平白想學看相的人，就找這機會作爲最好的實習了。他們之中，還有把每次看相的事記下來，預備出一本名爲「相鑑」的書的。

那次我在西直門大街所看到的事情，奇妙得使我至今還記得清清楚楚。何以會有這樣深刻的印象呢？因爲正在他們談相時，有一個年青女子當場哭起來，弄得他們啼笑皆非，不知所措。更奇怪的是，過了五年，那天他們談相之事果然應驗，而我又碰見那年青的女子，果然其母尅夫，所以我記住了。

奇怪的事情是這樣。那天他們是被招待於一間小客廳裡，酒席未開之前，他們在那裡閒談的總是「三句不離本行」關於看相的事。當時所談的是關於男女「聲音」的相。因爲他們在那裡，總有幾個人也跟到那裡，想找機會請他們說幾句的。那時正有一個聲音陰沉俗呼「沙喉嚨」的人，在那裡請他們談相。那人走後繼續談論關於聲音的相。

有一件湊巧的事，小客廳的隔壁是鄰居高宅的小客廳，客廳裡有人在那裡叉麻雀。兩個客廳之間是一重板壁，彼此說話的聲音是聽得到的。從聲音上可以聽得出隔壁客廳裡是四個女人在打麻雀，另有一個女人在那裡看牌的，一共有五個女人的聲音。這是鄰居的事，起先他們原不注意的。

突然聽見隔壁因爲有個打得滿貫了，五個女人齊聲大叫起來；原來那牌竟然三家都滿貫的牌，而且這一牌是被上家「攔和」的，所以大家在那邊大講大笑起來。這一下，倒引起他們注意了。

首先由舅父開始用細聲對他們說：「今天倒是碰到了難得的機會了，請你們聽聽隔壁幾位女人的聲音。」

明顯的，舅父話中有意，是有所發現的。

「女帶男聲！」有個柯先生是在教育部做事的，首先從這位說男人聲音的女人，說她是尅夫的聲音。

有一個伍先生是內政部民俗司科長，他另指一個女人，說她的聲是「孤雁失羣」，也是尅夫之聲。又有一人好像是在鹽務稽核所或在郵政總署裡做事的雷先生，說另一個女人其聲如「狂蟬晚噪」的。這三位女人的聲音，他們都一致認爲尅夫之相，其餘還有兩人，則他們沒有什麽批評。

舅父就對他們各人所判斷的先加以解釋並補充。頭一個說到「女帶男聲」的。舅父說，女帶男聲雖係破相之一，但不一定是尅夫；像隔壁這個女人的聲音確是尅夫之聲，而其凶處在於尾聲帶尖、刺耳；所以此女人嫁人不滿一年，就要喪夫的。至於「孤雁失羣」，要在聲色上，辨其是否「悲鳴」之聲，悲鳴聲長，要尅三夫；悲鳴聲短，並不尅夫，但必尅子。再如「狂蟬晚噪」，若是首尾同聲，祇係貧賤之相，並不尅夫；若必尅夫，則其聲必是首大尾促。

經過舅父講解之後，他們又寂靜下來，大家都細心地在傾聽隔壁的說話，大家似乎都得到了秘訣似的。突然，舅父却對他們發問道：「請你們試作一個判斷，這三位女人中，到底那一位已經尅了夫的？那一個還沒有喪夫的？」

這一問，却把大家問呆了。他們却沒有一個能答得出來，或說，這要看看面相才能決定；或說，這要問問他們的年齡才能作決定，舅父却笑笑地搖搖頭，說：「那不是看『聲相』了；看聲相，只要聽聽聲音就可以作出判斷的！」

這話在他們是頭一次聽到的；因為從來都是看相連聽聲，沒有單單聽聲看相的，於是大家都抖起精神要聽聽舅父的指教。

「現在我想先作論斷，要把我的論斷證實之後，再和你們講解。我的論斷是，她們三人都已尅過夫了！」

接着舅父就叫在座中的一人，去請主人金先生來。金先生來了，舅父就問他：「隔壁打牌的這幾個女人，你有辦法打聽一下她們的情形嗎？」

「可以的，我們和隔壁高宅有來往，今天我們也有請他的，高先生和高太太也都會來的。」

於是舅父就叫金先生聽聽那三個女人的聲音，要他打聽這三個女人的家庭情形。

金先生一聽，就說：「有兩位聲音我聽得出的，說男人聲音的是焦太太；像孤雁失羣的是饒太太，她們倆都是居孀的！」

「噢！」大家一聽她倆都是寡婦，同聲驚嘆一聲，舅父說：「請你再爲我問問那個說話聲音像狂蟬晚噪的。」

片刻，金先生回來報告說：「那位是田太太，她的丈夫是四個月前才去世的。」

金先生說了就出去招待別的客人去了。

這時候，小客廳外面好像有人知道舅父他們一羣在這裡談相，就有人進進出出來聽聽了。有的站了一會，知道是談論相理不是看相，聽不懂就走了；有的好像聽得懂的，也坐在旁邊聽聽，和舅父一起的，他們看見舅父能把三個女人的聲音聽出已經尅了夫，實在太佩服了；因爲這在相書上也學不到的。於是他們請求舅父給他們以指導。

舅父說，這必須從經驗上去留意，此時只能告訴他們兩個要點：第一是要有聽聲斷定年齡的經驗；因爲女人尅夫相嚴重的，其尅夫年齡大都在四十歲以前，若能斷定她的聲音是四十歲左右，便可以判定她已尅過夫了。第二要點也是靠經驗來的。那就是凡是有尅夫聲相的，未尅夫，其聲尾帶尖；已尅夫，其聲尾帶破。於是他們依照這原則，靠近板壁，再去分辨她們的聲音。何謂尖？又何謂破？想他們那天都有多少心得的。

「現在請你們再去分辨另外還有兩位的聲相，讓你們試一試，對于聲相的判斷力如何。」舅父對他們指導說：「先聽那位低音的！」

一會，其中有人說：「輕而有力，相夫旺子！」柯先生如此判斷。

「聲有如韻，長壽之相！」姓鄧的作此按語。

「小如澗水飛唱，此女人才德兼全！」內政部伍科長這樣說。

舅父聽了就對他們作個批評說：「伍科長和柯先生的判斷大體相同，也大體不錯；但你倆能對她的壽數作判斷嗎？」

他倆搖頭，表示不能，於是舅父說：「鄧先生斷錯了！」

舅父繼續對他們講解說：「此女人的聲音，雖可說『有力』，也好像『澗水飛鳴』；但可惜其尾聲短促，才能雖具，而壽不長！」因爲剛才舅父曾說過關于「斷定年齡」一事，於是他們就問：「依你看，她壽至何年？現今大約的歲數是幾何？」

舅父說：「她今年大約四十五，而她的壽數當不能越過五十歲。」

接着他們又依舅父的指揮，去聽那個操高音女人所說的話，他們幾人似乎都沒有什麽感覺，不能作出特殊的判斷，最後舅父低聲對他們說：「此人出自青樓，而今依人作妾。」

這一判斷也使他們驚異；因爲通常看妓女和侍妾的相，非看面相不可的。當時他們雖然也都要求舅父講解辨聲之法，但舅父說，此非一時可以言明，所以那天並沒有說什麽。

他們正在和舅父談論之際，隔壁另有一個女人的聲音，舅父立刻用手封住自己的嘴唇，叫各位不再作聲，暗示他們去聽那女人的聲音，一會那女人沒有說幾句話就走了。

「你們作何斷語？」舅父問。

「大而散，破財相也！」伍科長說。

「不錯，我也如是觀。」柯先生也贊同。

舅父再問：「破財之外，還有其他嗎？」他們都答不出。

「雖然大而散；但尚有餘音，不至破財。」舅父又繼續說下去：「不過，此種大而散，乃金聲伐木之象，亦係尅夫之相。同時，此女人大約四十歲過了，因其聲尾尖而未鈍，夫尚未尅，五年之內痛失所夫，在所難免！」

正說到這裡，主人金先生帶一個客人進來，舅父他們正想再叫金先生去打聽那三位女人的家世，而客廳在座中，忽有一個年青的女子，站起來，號咷大哭地跑出去了。

此時舅父非常敏感，立即請金先生把那女子攔囘來。原來剛剛舅父所批判的五年之內要尅夫的女人，就是她的母親，這位高小姐她偷偷地坐在邊廂靜聽舅父他們談相，所說的那個低音女人是邵太太，才德兼優，相夫旺子也不錯，所說那位高音的是吳局長的第三姨太太，是出身青樓也不錯，因而她聽到自己的母親五年之內要尅夫，就忍不住哭起來了。好容易舅父們勸她不可告知母親，讓他們好教她父親如何逃避夫妻衝尅，才把她勸住了的。這可算舅父論相差一點出了岔子的故事，所以我至今還記得清清楚楚。

二十一　軍閥齊燮元死生有怪命

北洋軍閥齊燮元，在國民革命軍北伐前，曾統治江蘇、浙江、安徽、江西、湖北五省，身居五省聯軍總司令，實是北洋軍閥末期聲勢權力最盛的一人。當時聯軍總司令部設在南京，廣召各省文人政客爲入幕之賓，雄心萬丈，其志不僅在此五省，大有俟機進迫中原之勢。友人柯君曾係聯軍總司令部諮議，常與齊燮元在鴉片烟榻上對臥傾談，深知齊的爲人最是相信命運之說，也聞知齊自述幼時算命的故事，不特當時應驗之事甚是奇特，而後來齊竟在南京雨花台以漢奸的罪名被槍斃，更是奇妙，實堪一述。

齊燮元說他自己少時大約十六歲，有一天因與鄉中鄰居大人由爭吵而打架。當然他打大人不過，被打了幾嘴巴，又被踢一脚。他跑了。

一會，他到水泥匠家裡偷取一把石炭，用紙包好，又取了一把補鞋用的錐子，乘人不備之際，先用石炭向他面上一撲，那人眼不見了，隨即他再用錐子刺破他的眼球，事後，他回到家裡，向他母親的枕頭箱中偷去了兩塊大龍洋，就逃走決定落荒去了。

他很聰明，一走就向他的鄰縣城裡逃去。他知道，他們要追他不會追到鄰縣的縣城來，因爲一縣管一縣的事，不容易告狀到鄰縣去的，於是他不久就在縣中一個米店中當學徒。很奇怪，他自家中出走，一直走到鄰縣，找到米店當學徒爲止，經過廿一天的日子，那兩塊從他母親私蓄裡偷來的大龍洋還沒有用掉，因爲他知道這兩塊是不容易得來的，急時可以救命，所以二十一天中，他只是有時求乞過日，有時自動地替人做苦力，就這樣過了去。

當他到米店裡當學徒時，本來米店老板不會收留他的，爲的就是他身上有這兩塊大洋錢的關係；並不是米店老板貪他兩塊錢，而是因他能夠保存這兩塊錢，被米店老板中意了。他先在米店隔壁一個柴炭做小工，只有食宿，沒有工錢，恐怕攤店中人懷疑他那兩塊錢是別處偷來的，所以事先向柴炭攤老板說明，自己身上有兩塊錢，也說明他是在鄉下和人打架，把人眼睛打落，所以母親給他兩塊錢叫他逃走的。

他又說，這錢是母親長年辛勤的積蓄，所以他一直捨不得用，將來要把這錢生息，連本帶息要歸還母親。

齊燮元這故事這心意，不特爲柴炭攤老板所讚許，隔壁米店老板聞知此事也對這小孩子有好感。因爲米店老板聽說他希望連兩塊錢要生息，將來且要歸還他的母親，就想幫他生息，叫他把兩塊錢由柴炭攤老板作担保，交給他充做米店本錢；當時兩塊大洋錢可買米一担三斗，願意替他生息。

此外，每天在這息錢中，抽出兩個銅錢給他每天買些零吃用的。那想到這小孩連零吃都不要，每天給他的零錢又積起來，這樣子就更被米店老板看得中意了，以是就收留他在店中做學徒，約好那兩塊錢也算是他的本錢。

有一天某店門口走過一個瞎子算命先生。他站在門口一看見這瞎子，就想起那鄉下一年前被他打落一個眼睛的人。因而好像對瞎子特別好感，看見瞎子在門口空打牛角，沒有人向他問津，於是他就向米店老板求情，要老板請瞎子算算命，讓他賺一點錢。那時候算一個命只兩個銅錢就夠了，米店老板就順從齊燮元的建議，叫瞎子進店算算命。

那天算命說別的都忘記了，惟有一事到齊燮元當了聯軍總司令還記得的算命的說他老板，今年某月店中添了人口。

他一聽就覺得奇怪，那月就是他自己從隔壁柴炭攤過來當學徒的日子，何以瞎子能在老板的命中算得出來呢？於是老板算完了，他就請老板給他兩文錢，自己也要算一算命。這兩文錢，是他離家年餘第一次的用錢。

瞎子算命給他一算，第一句話就說：「你這小子，人細胆大，去年你曾出手傷人，打死了人，逃走出來的！」

齊燮元一聽大怕，就說：「我並沒有打死人，我只打落他一隻眼睛的！」瞎子就問他說：「你自己逃走了，怎知沒有打死人？我從你命裏看，你去年四月是因打死人而出走到現在的。」

齊燮元自己雖然不知道，算命的却把他算準了。而那個鄉下人，確然因爲眼睛被打破，沒有幾天大約因爲破傷風細菌侵入，竟然不治死去了的。

「再過兩年，你就可以脫離這逃亡之災，你要到軍隊裏從軍的。」瞎子又把他的後運算了一下，又說：「小弟弟，我要恭喜你了，你將來將是一個叱咤風雲，掌握兵權的大老板；但是，當你當權的時候，千萬要多積德，才能修得善果的！」

可惜此時齊燮元只是一個十幾歲鄉下的小孩子，聽不懂算命所說的話。他把「叱咤風雲」聽爲「柴雜粉芋」；把「兵權」聽做「柄權」；以爲自己將來可當一個買賣麵粉、芋頭、柴炭、雜件的老板。

他就說：「我只有兩塊錢的本錢，那裡能夠在軍隊裡開這樣大的店呢？」

算命瞎子就對他解釋說：「我不是說你要在軍隊裡開店，軍隊裡沒有店好開的，我是說你要到軍隊裡先當兵，後做官長的。」

「官長？什麽官長？我可以當連長嗎？」

齊燓元記起前年鄰鄉樟頭鎮曾駐紮一連兵，潘連長是何等威風，鎮長也要巴結他，而且他也在街上開一間米糧雜貨店，說是連部開的，生意很好；於是他說：「如果我能當連長，我就也可以開大店了！」

「小弟，你不怕沒有連長當，你也要從排長連長做起的；」瞎子說：「二十五歲起你就可以握有兵權，不到四十歲，你就可以當總司令了。不過，你命中有險，諸險易渡，老年一險，務須小心；千萬要記住，你有兵權之後，務多積德，就可除災排難；六十歲起要避入深山居住三年，過了六十二歲，方可平安無事，否則你將有殺身之禍！」

齊燓元這小孩子因爲自幼就聽見家人和鄉下人說過關于許多算命看相靈驗之事，所以他那時雖然也不太懂命運到底是什麽東西，但對瞎子所說的這些話却句句記在心中。

在米店裡當學徒還沒有出息，有一天在街上，看見有很多人圍在墻邊看招貼，他探聽得是軍隊招募新兵的告示，於是他記起瞎子算命，曾說過今年就是他免過逃亡災難，也是應當從軍的日子，馬上跑囘店中，把自己決志投軍之事告知老板，就這樣離開米店投軍去當小兵了。

到軍隊裡當小兵，大約半年時間，經過了許多苦練之後，他知道自己可以吃下這苦頭，不至於開小差逃走，於是有一天他就托人寫一封信給米店老板，第一件事，說自己當兵之事可以成功了，拜托老板替他再請那個瞎子算命的，算一算幾時可以當連長，他預備當了連長才囘鄉看他的母親；第二件事，他請老板先把他入店時那兩塊大龍洋作爲本錢的，本息若干結出，全數代托人妥送到家鄉交他母親；第三件事，他很喜歡老板的第三女兒，希望老板能看得起他，答應他的婚事，等待他當了連長才結婚。

信發後一個多月，齊燮元接到米店老板的囘信，答覆他的三事如下：第一關于算命事，據瞎子說，他二十一歲就可以當連長，二十五歲就可以當團長了。第二關于寄欵囘家事，已將他的本息結出，並加倍替他寄二十塊洋囘去交他母親妥收了。第三，關于婚事，只要他能努力上進，米店老板也答應這婚事，說他的女孩也同意了。

於是齊燮元從此心滿意足，專心行伍之事。二十歲那年他被選爲排長。照例，行伍出身的，要當排長三年以後才能因功升為連長的，齊燮元當十八歲那年，還沒有被選為排長時，他心中想，瞎子算命恐怕不靈了；因為若要二十一歲當連長，就要十八歲當排長，否則二十一歲就來不及升為連長了。所以當他二十歲那年被升為排長時，他對於明年升為連長之事心灰意冷了。但是，事情却來得奇怪，他當了排長沒滿一個月，軍隊就奉命出發作戰；在兩個月的作戰中，他雖負傷兩次，均能達成衝鋒陷陣的任務。第四個月是正月，他跨進二十一歲。在戰場上，他已把這事忘記了的。

記得是那年正月十九夜，一場拂曉作戰，敵方炮火猛烈，第一連陣地首當其衝，他是第一連的第二排排長，戰況危險萬狀。一陣被敵人密集炮火攻擊之下，連長鄭家全陣亡，第一排長蕭子春重傷。在此千鈞一髮之際，齊燮元奉到曹營長的口令，叫他代理第一連連長職務，由第二排第一班班長升代第一排長。由於齊燮元作戰英勇，獲有殊功，不久就正式被任為連長了。湊巧的，當他奉到正式委任令的那天，正逢他的二十一歲的生日，猛然使他記起，瞎子算命所說的話，果然應驗了。

從此齊燮元一帆風順，步步高陞，由連長而營長，而團長，而旅長，而師長，而軍長，而司令，而督辦。

當他於民國十五年五省聯軍總司令部在南京時，殺戮革命青年甚衆。有一天他路過朱雀橋，看見橋邊有個瞎子算命在那裡擺攤爲路人算命，使他一時記起少年時在米店請瞎子算命的往事。於是回到公館之後，就叫人去把那個瞎子算命接到家裡，替自己算一算後運如何，瞎子雖然眼睛看不見齊燮元的人樣和公館，却從八字上算出他是個什麽人，因此他很小心說：「你明年就要離開此地向北行，六十二歲又再來此地久住下去。」

那時齊燮元對這南京的瞎子算命所說的却是疑信參半，也憂喜參半。因爲瞎子說他明年要離開南京北行，在他認爲絕無其事；因爲以他當時的勢力，誰也不能在明年這近的日子把他趕出南京的。但此事雖使他不信，却也引起他心中多少憂慮；因爲瞎子說他六十二歲要南來久住，這又與從前那個瞎子算命說的有些相同；旣相同，則明年之事或成事實也不敢說。果然到了明年，革命軍北伐成功，齊燮元兵敗下野，退回北方老家，銷聲匿跡了。

一直到了抗戰發生，華北漢奸政權成立，王克敏當政期間，齊燮元又東山再起，被任爲華北政府的軍政督辦，也就等於軍政部長。據說他之所以又决計再出山，乃因聽了北京西山碧雲寺一個和尚替他看相說了一句話。有一天齊燮元和家人去碧雲寺燒香，有個和尚看他的氣色，說他明年要東山再起。當時他已五十七八歲了，他說他不打算再做事了。但和尚告訴他說，從他的元神看，有寃死不散的陰魂追隨着他，若能出來重握兵符，便可却鬼，否則難免有禍。因此齊燮元就决心再出山了。

到了一九四四年，齊燮元做六十壽辰那天，記起少時算命曾告誡他說，要從六十歲起避居深山三年，過了六十二歲，才可平安無事；因此他就想到華山去長住。但因當時有種種關係，華山之行不果，同時他又記起南京瞎子算命曾說他六十二歲又要到南京久住，這前後兩個瞎子所說的話顯然有矛盾，使他一時不能作一决定。於是他就去請教當時在北京知名的看相人士彭涵芬，問他此後兩年情形如何，綽號彭神仙的涵芬先生，不便對他說得太清楚，只對他說：「人的死生有命，一動不如一靜。」背後彭神仙曾對人言：「後年老齊六十二歲，死於非命，無可逃避。」

果然，第二年一九四五年齊燮元六十一歲，抗戰勝利，齊燮元在北京被捕，隨即押赴南京，第三年一九四六年他六十二，以漢奸罪名在南京雨花台槍斃，齊燮元的一生休咎，可以說完全是受命運的支配。以前在米店時所算的命，說他要渡過六十二歲才能平安無事，而南京朱雀橋瞎子算命者，客氣的說他六十二歲要來南京久住，果然永久地住下去了。

一九四五年的抗戰勝利，是誰也算不出的；但齊燮元因勝利而死，却可以從命中算得準了。

占筮類			
1	擲地金聲搜精秘訣	心一堂編	沈氏研易樓藏稀見易占秘鈔本
2	卜易拆字秘傳百日通	心一堂編	
3	易占陽宅六十四卦秘斷	心一堂編	火珠林占陽宅風水秘鈔本
星命類			
4	斗數宣微	【民國】王裁珊	民初最重要斗數著述之一；未刪改本
5	斗數觀測錄	【民國】王裁珊	失傳民初斗數重要著作
6	《地星會源》《斗數綱要》合刊	心一堂編	失傳的第三種飛星斗數
7	《斗數秘鈔》《紫微斗數之捷徑》合刊	心一堂編	珍稀「紫微斗數」舊鈔秘本
8	斗數演例	心一堂編	
9	紫微斗數全書（清初刻原本）	題【宋】陳希夷	斗數全書本來面目；有別於錯誤極多的坊本
10-12	鐵板神數（清刻足本）——附秘鈔密碼表	題【宋】邵雍	無錯漏原版秘鈔密碼表　首次公開！
13-15	蠢子數纏度	題【宋】邵雍	蠢子數連密碼表打破數百年秘傳　首次公開！
16-19	皇極數	題【宋】邵雍	清鈔孤本附起例及完整密碼表研究神數必讀！
20-21	邵夫子先天神數	題【宋】邵雍	附手鈔密碼表研究神數必讀！
22	八刻分經定數（密碼表）	題【宋】邵雍	皇極數另一版本；附手鈔密碼表
23	新命理探原	【民國】袁樹珊	子平命理必讀教科書！
24-25	袁氏命譜	【民國】袁樹珊	
26	韋氏命學講義	【民國】韋千里	民初二大命理家南袁北韋
27	千里命稿	【民國】韋千里	
28	精選命理約言	【民國】韋千里	北韋之命理經典
29	滴天髓闡微——附李雨田命理初學捷徑	【民國】袁樹珊、李雨田	命理經典未刪改足本
30	段氏白話命學綱要	【民國】段方	民初命理經典最淺白易懂
31	命理用神精華	【民國】王心田	學命理者之寶鏡

32	命學採驪集	【民國】張巢雲	發前人所未發 稀見民初子平命理著作
33	澹園命談	【民國】高澹園	
34	算命一讀通——鴻福齊天	【民國】不空居士、覺先居士合纂	
35	子平玄理	【民國】施惕君	
36	星命風水秘傳百日通	心一堂編	
37	命理大四字金前定	題【晉】鬼谷子王詡	源自元代算命術
38	命理斷語義理源深	心一堂編	稀見清代批命斷語及活套
39－40	文武星案	【明】陸位	失傳四百年《張果星宗》姊妹篇 千多星盤命例　研究命學必備
相術類			
41	新相人學講義	【民國】楊叔和	失傳民初白話文相術書
42	手相學淺說	【民國】黃龍	民初中西結合手相學經典
43	大清相法	心一堂編	重現失傳經典相書
44	相法易知	心一堂編	
45	相法秘傳百日通	心一堂編	
堪輿類			
46	靈城精義箋	【清】沈竹礽	沈氏玄空遺珍 玄空風水必讀
47	地理辨正抉要	【清】沈竹礽	
48	《玄空古義四種通釋》《地理疑義答問》合刊	沈瓞民	
49	《沈氏玄空吹虀室雜存》《玄空捷訣》合刊	【民國】申聽禪	
50	漢鏡齋堪輿小識	【民國】查國珍、沈瓞民	失傳已久的無常派玄空經典
51	堪輿一覽	【清】孫竹田	
52	章仲山挨星秘訣（修定版）	【清】章仲山	章仲山無常派玄空珍秘 門內秘本首次公開 沈竹礽等大師尋覓一生 末得之珍本！
53	臨穴指南	【清】章仲山	
54	章仲山宅案附無常派玄空秘要	心一堂編	
55	地理辨正補	【清】朱小鶴	玄空六派蘇州派代表作
56	陽宅覺元氏新書	【清】元祝垚	簡易・有效・神驗之玄空陽宅法
57	地學鐵骨秘　附　吳師青藏命理大易數	【民國】吳師青	釋玄空廣東派地學之秘
58－61	四秘全書十二種（清刻原本）	【清】尹一勺	玄空湘楚派經典本來面目 有別於錯誤極多的坊本

62	地理辨正補註 附 元空秘旨 天元五歌 玄空精髓 心法秘訣等數種合刊	【民國】胡仲言	貫通易理、巒頭、三元、三合、天星、中醫
63	地理辨正自解	【清】李思白	公開玄空家「分率尺、工部尺、量天尺」之秘
64	許氏地理辨正釋義	【民國】許錦灝	民國易學名家黃元炳力薦
65	地理辨正天玉經內傳要訣圖解	【清】程懷榮	秘訣一語道破，圖文并茂
66	謝氏地理書	【民國】謝復	玄空體用兼備、深入淺出
67	論山水元運易理斷驗、三元氣運說附紫白訣等五種合刊	【宋】吳景鸞等	失傳古本《玄空秘旨》《紫白訣》
68	星卦奧義圖訣	【清】施安仁	
69	三元地學秘傳	【清】何文源	
70	三元玄空挨星四十八局圖說	心一堂編	三元玄空門內秘笈　清鈔孤本 過去均為必須守秘不能公開秘密 與今天流行飛星法不同
71	三元挨星秘訣仙傳	心一堂編	
72	三元地理正傳	心一堂編	
73	三元天心正運	心一堂編	
74	元空紫白陽宅秘旨	心一堂編	
75	玄空挨星秘圖 附 堪輿指迷	心一堂編	
76	姚氏地理辨正圖說 附 地理九星并挨星真訣全圖 秘傳河圖精義等數種合刊	【清】姚文田等	
77	元空法鑑批點本——附 法鑑口授訣要、秘傳玄空三鑑奧義匯鈔 合刊	【清】曾懷玉等	蓮池心法　玄空六法 門內秘鈔本首次公開
78	元空法鑑心法	【清】曾懷玉等	
79	曾懷玉增批蔣徒傳天玉經補註【新修訂版原（彩）色本】	【清】項木林、曾懷玉	
80	地理學新義	【民國】俞仁宇撰	
81	地理辨正揭隱（足本） 附連城派秘鈔口訣	【民國】王邈達	揭開連城派風水之秘
82	趙連城傳地理秘訣附雪庵和尚字字金	【明】趙連城	
83	趙連城秘傳楊公地理真訣	【明】趙連城	
84	地理法門全書	仗溪子、芝罘子	巒頭風水，內容簡核、深入淺出
85	地理方外別傳	【清】熙齋上人	巒頭形勢、「望氣」「鑑神」
86	地理輯要	【清】余鵬	集地理經典之精要
87	地理秘珍	【清】錫九氏	巒頭、三合天星，圖文並茂
88	《羅經舉要》附《附三合天機秘訣》	【清】賈長吉	清鈔孤本羅經、三合訣法圖解
89-90	嚴陵張九儀增釋地理琢玉斧巒	【清】張九儀	清初三合風水名家張九儀經典清刻原本！

91	地學形勢摘要	心一堂編	形家秘鈔珍本
92	《平洋地理入門》《巒頭圖解》合刊	【清】盧崇台	平洋水法、形家秘本
93	《鑒水極玄經》《秘授水法》合刊	【唐】司馬頭陀、【清】鮑湘襟	千古之秘，不可妄傳匪人
94	平洋地理闡秘	心一堂編	雲間三元平洋形法秘鈔珍本
95	地經圖說	【清】余九臯	形勢理氣、精繪圖文
96	司馬頭陀地鉗	【唐】司馬頭陀	流傳極稀《地鉗》
97	欽天監地理醒世切要辨論	【清】欽天監	公開清代皇室御用風水真本
三式類			
98－99	大六壬尋源二種	【清】張純照	六壬入門、占課指南
100	六壬教科六壬鑰	【民國】蔣問天	由淺入深，首尾悉備
101	壬課總訣	心一堂編	過去術家不外傳的珍稀六壬術秘鈔本
102	六壬秘斷	心一堂編	
103	大六壬類闡	心一堂編	
104	六壬秘笈——韋千里占卜講義	【民國】韋千里	六壬入門必備
105	壬學述古	【民國】曹仁麟	依法占之，「無不神驗」
106	奇門揭要	心一堂編	集「法奇門」、「術奇門」精要
107	奇門行軍要略	【清】劉文瀾	條理清晰、簡明易用
108	奇門大宗直旨	劉毗	天下孤本 首次公開 虛白盧藏本《秘藏遁甲天機》 奇門不傳之秘 應驗如神
109	奇門三奇干支神應	馮繼明	
110	奇門仙機	題【漢】張子房	
111	奇門心法秘纂	題【漢】韓信（淮陰侯）	
112	奇門廬中闡秘	題【三國】諸葛武侯註	
選擇類			
113－114	儀度六壬選日要訣	【清】張九儀	清初三合風水名家張九儀擇日秘傳
115	天元選擇辨正	【清】一園主人	釋蔣大鴻天元選擇法
其他類			
116	述卜筮星相學	【民國】袁樹珊	民初二大命理家南袁北韋 南袁之術數經典
117－120	中國歷代卜人傳	【民國】袁樹珊	

占筮類			
121	卜易指南(二種)	【清】張孝宜	民國經典，補《增刪卜易》之不足
122	未來先知秘術——文王神課	【民國】張了凡	內容淺白、言簡意賅、條理分明
星命類			
123	人的運氣	汪季高(雙桐館主)	五六十年香港報章專欄結集！
124	命理尋源	【民國】徐樂吾	民國三大子平命理家徐樂吾必讀經典！
125	訂正滴天髓徵義		
126	滴天髓補註 附 子平一得		
127	窮通寶鑑評註 附 增補月談賦 四書子平		
128	古今名人命鑑		
129-130	紫微斗數捷覽(明刊孤本)[原(彩)色本] 附 點校本 (上)(下)	馮一、心一堂術數古籍整理編校小組 整理	明刊孤本 首次公開！
131	命學金聲	【民國】黃雲樵	民國名人八字、六壬奇門推命
132	命數叢譚	【民國】張雲溪	子平斗數共通、百多民國名人命例
133	定命錄	【民國】張一蟠	民國名人八十三命例詳細生平
134	《子平命術要訣》《知命篇》合刊	【民國】鄒文耀、【民國】胡仲言撰	《子平命術要訣》科學命理；《知命篇》易理皇極、命理地理、奇門六壬互通
135	科學方式命理學	閻德潤博士	匯通八字、中醫、科學原理！
136	八字提要	韋千里	民國三大子平命理家韋千里必讀經典！
137	子平實驗錄	【民國】孟耐園	作者四十多年經驗 占卜奇靈 名震全國！
138	民國偉人星命錄	【民國】囂囂子	幾乎包括所民初總統及國務總理八字！
139	千里命鈔	韋千里	失傳民初三大命理家韋千里 代表作
140	斗數命理新篇	張開卷	現代流行的「紫微斗數」內容及形式上深受本書影響
141	哲理電氣命數學——子平部	【民國】彭仕勛	命局按三等九級格局、不同術數互通借用
142	《人鑑——命理存驗·命理擷要》(原版足本)附《林庚白家傳》	【民國】林庚白	傳統子平學修正及革新、大量名人名例
143	《命學苑苑刊——新命》(第一集)附《名造評案》《名造類編》等	【民國】林庚白、張一蟠等撰	史上首個以「唯物史觀」來革新子平命學結集
相術類			
144	中西相人探原	【民國】袁樹珊	按人生百歲，所行部位，分類詳載
145	新相術	【美國】孛拉克福原著、【民國】沈有乾編譯	通過觀察人的面相身形、色澤舉止等，得知性情、能力、習慣、優缺點等
146	骨相學	【民國】風萍生編著	結合醫學中生理及心理學，影響近代西、日、中相術深遠
147	人心觀破術 附運命與天稟	【日本】管原如庵、加藤孤雁原著，【民國】唐真如譯	觀破人心、運命與天稟的奧妙

148	《人相學之新研究》《看相偶述》合刊	盧毅安	集中外大成，無不奇驗；影響近代香港相術名著
149	冰鑑集	【民國】碧湖鷗客	各家相法精華、相術捷徑、圖文並茂附名人照片
150	《現代人相百面觀》《相人新法》合刊	【民國】吳道子輯	失傳民初相學經典二種　重現人間！
151	性相論	【民國】余晉龢	民初北平公安局專論相學與犯罪專著（犯罪學生物學派）
152	《相法講義》《相理秘旨》合刊	韋千里、孟瘦梅	命理學大家韋千里經典、傳統相術秘籍精華
153	《掌形哲學》附《世界名人掌形》《小傳》	【民國】余萍客	圖文并茂、附歐美名人掌形圖及生平簡介
154	觀察術	【民國】吳貴長	可補充傳統相術之不足
堪輿類			
155	羅經消納正宗	【明】沈昇撰、【明】史自成、丁孟章合纂	失傳四庫存目珍稀風水古籍
156	風水正原	【清】余天藻	●純宗形家，與清代欽天監地理風水主張大致相同
157	安溪地話（風水正原二集）		●積德為求地之本，形家必讀！
158	《蔣子挨星圖》附《玉鑰匙》	傳【清】蔣大鴻等	窺知無常派章仲山一脈真傳奧秘
159	樓宇寶鑑	吳師青	陽宅風水必讀、現代城市樓宇風水看法改革
160	《香港山脈形勢論》《如何應用日景羅經》合刊		香港風水山脈形勢專著
161	三元真諦稿本──讀地理辨正指南	【民國】王元極	被譽為蔣大鴻、章仲山後第一人　內容直接了當，盡揭三元玄空家之秘
162	三元陽宅萃篇		
163	王元極增批地理冰海　附批點原本地理冰海	【清】高守中【民國】王元極	
164	地理辨正發微	【清】唐南雅	極之清楚明白，披肝露膽
165-167	增廣沈氏玄空學　附　仲山宅斷秘繪稿本三種、自得齋地理叢說稿鈔本（上）（中）（下）	【清】沈竹礽	玄空必讀經典！附《仲山宅斷》幾種鈔本及批點本，畫龍點睛、披肝露膽，道中刊印本未點破的秘訣
168-169	巒頭指迷（上）（下）	【清】尹貞夫原著、【民國】何廷珊增訂、批注	圖文并茂：龍、砂、穴、水、星辰九十九變　洩漏天機：蔣大鴻、賴布衣挨星秘訣及用法
170-171	三元地理真傳（兩種）（上）（下）	【清】趙文鳴	蔣大鴻嫡派真傳張仲馨一脈二十種家傳秘本、宅墓案例三十八圖，並附天星擇日
172	三元宅墓圖　附　家傳秘冊		
173	宅運撮要	【民國】尤惜陰（演本法師）、榮柏雲	撮三集《宅運新案》之精要
174	章仲山秘傳玄空斷驗筆記　附　章仲山斷宅圖註	【清】章仲山傳、【清】唐鷺亭纂	無常派玄空不外傳秘中秘！二宅實例有斷驗及改造內容
175	汪氏地理辨正發微　附　地理辨正真本	【清】蔣大鴻、姜垚原著、【清】汪云吾發微	蔣大鴻嫡派張仲馨一脈三元理、法、訣具體泄露
176	蔣大鴻家傳歸厚錄汪氏圖解	【清】蔣大鴻、【清】汪云吾圖解	
177	蔣大鴻嫡傳三元地理秘書十一種批注	【清】蔣大鴻原著、【清】汪云吾、【清】劉樂山註	三百年來最佳《地理辦正》註解！石破天驚！

178	《星氣(卦)通義(蔣大鴻秘本四十八局圖并打劫法)》《天驚秘訣》合刊	題【清】蔣大鴻 著	江西興國真傳三元風水秘本
179	蔣大鴻嫡傳天心相宅秘訣全圖附陽宅指南等秘書五種	【清】蔣大鴻編訂、【清】汪云吾、劉樂山註	蔣大鴻徒張仲馨秘傳陽宅風水「教科書」！
180	家傳三元地理秘書十三種		真天宮之秘 千金不易之寶
181	章仲山門內秘傳《堪輿奇書》附《天心正運》	【清】章仲山傳、【清】華湛恩	直洩無常派章仲山玄空風水不傳之秘
182	《挨星金口訣》、《王元極增批補圖七十二葬法訂本》合刊	[民國]王元極	秘中秘——玄空挨星真訣公開！字字千金！
183-184	《家傳三元古今名墓圖集附謝氏水鉗》《蔣氏三元名墓圖集》合刊(上)(下)	(清)孫景堂，劉樂山，張稼夫	蔣大鴻嫡傳風水宅案、幕講師、蔣大鴻、姜垚等名家多個實例，破禁公開！
185-186	《山洋指迷》足本兩種 附《尋龍歌》(上)(下)	【明】周景一	風水巒頭形家必讀《山洋指迷》足本！
187-196	蔣大鴻嫡傳水龍經注解 附 虛白廬藏珍本水龍經四種(1-10)	【清】蔣大鴻編訂、【清】楊臥雲、汪云吾、劉樂山註	蔣大鴻嫡傳一脈授徒秘笈 希世之寶 千年以來，師師相授之秘旨，破禁公開！ 完整了解蔣氏嫡派真傳一脈三元理、法、訣！ 附已知最古《水龍經》鈔本等五種稀見《水龍經》
197	批注地理辨正直解		
198	《天元五歌闡義》附《元空秘旨》(清刻原本)	【清】章仲山	無常派玄空必讀經典未刪改本！
199	心眼指要(清刻原本)		
200	華氏天心正運	【清】華湛恩	
201-202	批注地理辨正再辨直解合編(上)(下)	【清】蔣大鴻原著、【清】姚銘三再註、【清】章仲山直解	失傳姚銘三玄空經典重現人間！名家：沈竹礽、王元極推薦！
203	章仲山注《玄機賦》《元空秘旨》附《口訣中秘訣》《因象求義》等九種合刊	【清】章仲山	近三百年來首次公開！章仲山無常派玄空秘密，和盤托出！
204	章仲山門內真傳《三元九運挨星篇》《運用篇》《挨星定局篇》《口訣篇》等合刊	【清】章仲山、柯遠峰等	章仲山注《玄機賦》及章仲山原傳之口訣及筆記
205	章仲山門內真傳《大玄空秘圖訣》《天驚訣》《飛星要訣》《九星斷略》《得益錄》等合刊	【清】章仲山、冬園子等	
206	撼龍經真義	吳師青註	近代香港名家吳師青必讀經典
207	章仲山嫡傳《翻卦挨星圖》《秘鈔元空秘旨》附《秘鈔天元五歌闡義》	【清】章仲山傳、【清】王介如輯撰	透露章仲山家傳玄空嫡傳學習次弟及關鍵不傳之秘
208	章仲山嫡傳秘鈔《秘圖》《節錄心眼指要》合刊		
209	《談氏三元地理大玄空實驗》附《談養吾秘稿奇門占驗》	【民國】談養吾撰	史上首次公開「無常派」下卦起星等挨星秘密之書
210	《談氏三元地理濟世淺言》附《打開一條生路》		了解談氏入世的易學卦德爻象思想
211-215	《地理辨正集註》附《六法金鎖秘》《巒頭指迷真詮》《作法雜綴》等(1-5)	【清】尋緣居士	集《地理辨正》一百零八家註解大成精華匯巒頭及蔣氏、六法、無常、湘楚等秘本史上最大篇幅的《地理辨正》註解
216	三元大玄空地理二宅實驗(足本修正版)	【民國】尤惜陰(演本法師)、榮柏雲撰	三元玄空無常派必讀經典足本修正版

217	蔣徒呂相烈傳《幕講度針》附《元空秘斷》《陰陽法竅》《挨星作用》	【清】呂相烈	蔣大鴻門人呂相烈三元秘本三百年來首次破禁公開！
218	挨星撮要（蔣徒呂相烈傳）		
219–221	《沈氏玄空挨星圖》《沈註章仲山宅斷未定稿》《沈氏玄空學（四卷原本）》合刊（上中下）	【清】沈竹礽 等	揭開沈氏玄空挨星五行吉凶斷的變化及不同用法 章仲山宅斷未刪本、沈氏玄空學原本佚文、玄空挨星圖稿鈔本 大公開！
222	地理穿透真傳（虛白廬藏清初刻原本）	【清】張九儀	三合天星家宗師張九儀畢生地學精華結集
223–224	地理元合會通二種（上）（下）	【清】姚炳奎	分發兩家（三元、三合）之秘，會通其用詳解注羅盤（蔣盤、賴盤）；義理、斷驗俱精
其他類			
225	天運占星學 附 商業周期、股市粹言	吳師青	天星預測股市，神準經典
226	易元會運	馬翰如	《皇極經世》配卦以推演世運與國運
三式類			
227	大六壬指南（清初木刻五卷足本）		六壬學占驗課案必讀經典海內善本
228–229	甲遁真授秘集（批注本）（上）（下）	【清】薛鳳祚	明清皇家欽天監秘傳奇門遁甲 奇門、易經、皇極經世結合經典
230	奇門詮正	【民國】曹仁麟	簡易、明白、實用，無師自通！
231	大六壬探源	【民國】袁樹珊	民初三大命理家袁樹研究六壬四十餘年代表作
232	遁甲釋要	【民國】徐昂	推衍遁甲、易學、洛書九宮大義！
233	《六壬卦課》《河洛數釋》《演玄》合刊		疏理六壬、河洛數、太玄隱義！
234	六壬指南（【民國】黃企喬）	【民國】黃企喬	失傳經典 大量實例
選擇類			
235	王元極校補天元選擇辨正	原【清】謝少暉輯、【民國】王元極校補	三元地理天星選日必讀
236	王元極選擇辨真全書 附 秘鈔風水選擇訣	【民國】王元極	王元極天昌館選擇之要旨
237	蔣大鴻嫡傳天星選擇秘書注解三種	【清】蔣大鴻編訂、【清】楊臥雲、汪云吾、劉樂山註	蔣大鴻陰陽二宅天星擇日日課案例！
238	增補選吉探源	【民國】袁樹珊	按表檢查，按圖索驥：簡易、實用！
239	《八風考略》《九宮撰略》《九宮考辨》合刊	沈瓞民	會通沈氏玄空飛星立極、配卦深義
其他類			
240	《中國原子哲學》附《易世》《易命》	馬翰如	國運、世運的推演及預言